गर्म रोटी के ऊपर नमक-तेल था

गर्म रोटी के ऊपर नमक-तेल था

ग़ज़ल संग्रह

वशिष्ठ अनूप

वाणी प्रकाशन

प्रकाशन के उत्कृष्टतम 62 वर्ष

सजिल्द पहला संस्करण : 2025

vaniprakashan.com

वाणी प्रकाशन

4695, 21-ए, दरियागंज, नयी दिल्ली-110 002
फ़ोन : + 91 11 23273167, 23275710

शाखाएँ

अशोक राजपथ, पटना-800 004, बिहार
कॉफ़ी हाउस कैम्पस, महात्मा गांधी मार्ग, प्रयागराज-211 001, उत्तर प्रदेश
महात्मा गांधी अन्तरराष्ट्रीय हिन्दी विश्वविद्यालय, वर्धा-442 001, महाराष्ट्र

sales@vaniprakashan.in
vaniprakashan@gmail.com

Garm Roti Ke Upar Namak -Tel Tha
by Vashishth Anoop
ISBN : 978-93-7112-037-1
Collection of Ghazal

मूल्य : ₹ 450

सिटी प्रेस, दिल्ली-110 095 में मुद्रित

वाणी प्रकाशन का लोगो मक़बूल फ़िदा हुसैन की कूची से

इन ग़ज़लों के विषय में

मैंने कई विधाओं में लेखन किया है। आलोचनाएँ भी पर्याप्त लिखी हैं लेकिन मेरी मुख्य पहचान गीतकार और ग़ज़लकार की ही है। हिन्दी ग़ज़ल ने अब तक लम्बी यात्रा तय कर ली है। मुझे भी लिखते हुए लगभग चालीस साल हो रहे हैं। इस दौरान हिन्दी ग़ज़ल ने अपने को सिद्ध और स्थापित किया है। उसने दुराग्रही और सतही आलोचकों की उन आपत्तियों को भी अर्थहीन साबित किया है कि ग़ज़ल में ज़िन्दगी के व्यापक यथार्थ का चित्रण नहीं हो सकता। विगत दशकों में ग़ज़ल ने यह प्रमाणित किया कि उसके दायरे में जीवन-जगत का हर विषय समाहित हो सकता है। यह बात मेरी ग़ज़लों के लिए भी सच है। ये ग़ज़लें हमारे समय के बहुआयामी यथार्थ और अनेकानेक प्रकार की चुनौतियों के रूबरू होकर उनसे सीधी रचनात्मक मुठभेड़ करती हैं। इनमें किसानों, मजदूरों और मध्यवर्ग का जीवन-संघर्ष तो है ही, शिक्षा, चिकित्सा, सुरक्षा और रोज़ी-रोटी की समस्याएँ भी देखी जा सकती हैं। अव्यवस्था और अभाव का मारा बचपन, उपेक्षित, बहिष्कृत बुढ़ापा, दिन-रात परिश्रम के साथ सारी जिम्मेदारियों का बोझ उठाने के बावजूद अपमानित, लांछित स्त्री और तमाम ऊँची डिग्रियों के बाद भी बेरोज़गार नौजवानों का दर्द इन ग़ज़लों में अनुभव किया जा सकता है। इनमें नदी, जंगल और पहाड़ की पीड़ा के साथ ही पशु-पक्षियों की भूख-प्यास-आवास और उनकी तमाम प्रजातियों की समाप्ति के ख़तरे को भी महसूस किया जा सकता है। इनमें आदिवासी और वंचित समाज की समस्याओं के साथ ही साम्राज्यवादी लूट, पूँजीपतियों का वर्चस्ववाद, बाज़ार का आतंक, विज्ञापनों के षड़यंत्र, युद्ध का भय और मूल्यों के क्षरण की चिन्ताएँ भी हैं तथा उनके बरक्स सकारात्मक सोच और अनवरत प्रतिरोध भी व्यक्त हुआ है। इन सबके साथ ही इन ग़ज़लों में प्रेम और सौन्दर्य की विविध छवियाँ, बच्चों की मोहक शरारतें और किलकारियों का सौन्दर्य, जीवन-राग, नाद-अनुनाद, माता-पिता का ममत्व, पारिवारिक ताना-बाना, संस्कृति और संस्कारों की सुगंध भरी हुई है। यह कोशिश

रही है कि अंतर्वस्तु को सुरक्षित रखते हुए ग़ज़ल के शिल्प का अनुशासन भी बना रहे। एक सुन्दर, प्रेममय, स्वस्थ और सुखद समाज की पीठिका का निर्माण इस सृजन का मूल मन्तव्य रहा है। 'परित्राणाय साधूनाम् विनाशाय च दुष्कृताम् और 'सर्वे भवन्तु सुखिनः...' ही सृजन का मूल उद्देश्य है। मेरी ग़ज़लों पर डेढ़ सौ से अधिक विद्वानों ने आलेख और समीक्षाएँ लिखी हैं। यहाँ उनमें से कुछ अंशों को प्रस्तुत करना उचित होगा-

'वशिष्ठ अनूप ग़ज़ल-रचना के क्षेत्र में गीत की दुनिया से आए हैं। उनके अब तक दस गज़ल-संग्रह प्रकाशित हो चुके हैं। अनूप जी के रचना-संसार का पाट बेहद चौड़ा और उर्वर है। उनकी गजलें पारम्परिक ग़ज़ल-शैली की ग़ज़लों से भिन्न किस्म की हैं। इनमें उनकी मौलिक सोच, नई ज़मीन और आधुनिक समाज की उद्भावनाएँ अंतर्निहित हैं। समाज और देश ही नहीं बल्कि पूरा विश्व ही एक कंप्यूटरीकृत दुनिया में तब्दील होता जा रहा है। उसका सही प्रतिबिम्ब अनूप जी की इन गज़लों में साफ़-साफ़ दीखता है। ये ग़ज़लें न केवल जीवन-यथार्थ और उसके अन्तर्विरोधों को उजागर करती हैं, अपितु अपनी धारदार अभिव्यक्ति से उनकी विडंबनाओं और त्रासदियों, राजनीति के कुरूप चेहरों, आपदाओं के साथ प्रकृति के रम्य चित्रों की झाँकी, बनते-बिगड़ते सामाजिक जीवन-मूल्यों की अत्यंत ही मार्मिक तस्वीर, प्रेम और सौन्दर्य के अनछुए प्रसंग, स्त्री विमर्श, दलित विमर्श एवं पारिवारिकता से जुड़े अन्य प्रसंगों से भी स्वयं को समृद्ध करती हैं। आज के अति संश्लिष्ट सामाजिक यथार्थ की सम्पूर्ण जटिलता को अपने में समेटकर अत्यंत ही सहज बनाकर प्रस्तुत करना वशिष्ठ अनूप की अभिनव काव्य- कला का प्रमाण है।' (नचिकेता)

'एक ग़ज़लकार के रूप में वशिष्ठ अनूप इसलिए महत्वपूर्ण हैं कि वे लोकप्रियता के दबाव में भावों का सरलीकरण नहीं करते और न आत्मग्रस्तता के शिकार होते हैं। उनके जीवन-मूल्य वेदना, करुणा और विद्रोह से जुड़े हुए हैं। वह उर्दू ग़ज़ल की परम्परा की समझ रखने के बावजूद हिन्दी के ग़ज़लकार हैं। वे हिन्दी ग़ज़ल में आरोपित 'तीन मिथ' को खारिज करते हैं। पहला यह कि ग़ज़ल में 'भावोन्मेष' की उतनी क्षमता नहीं होती, जितनी कविता में होती है। दूसरा यह कि एक ख़ास किस्म के पाठक-आलोचक ही ग़ज़ल के प्रति आकर्षण रखते हैं। तीसरा यह कि विचारधारा के संग्रथन के लिए ग़ज़ल तंग विधा है। वशिष्ठ अनूप ने अपनी ग़ज़लों में जिस बौद्धिकता, सर्जनात्मकता और प्रतिबद्धता का अन्तर्ग्रथन

किया है, वह उन्हें संभावनाशील कवि की परिधि से निकालकर परिपक्व कवि की ज़मीन पर खड़ा करता है।' (पंकज गौतम)

'वशिष्ठ अनूप की ग़ज़लों की परिधि विस्तृत है। उनकी ग़ज़लों में उठाए गए विषयों से रूबरू होकर कोई भी भावक चमत्कृत हो सकता है। जीवन के बहुविध प्रसंग उनकी ग़ज़लों में आकर लोगों के जीवन का ज़रूरी हिस्सा बन जाते हैं। एक कवि अपने लिए इससे अधिक कुछ नहीं चाहता है। वह हमारे दौर के ज़रूरी शायर हैं, इस कथन से शायद ही कोई असहमत हो।'

(प्रो० जितेन्द्र श्रीवास्तव)

मेरी कविता बगावत बिगुल है, निर्बलों की दुहाई नहीं है और कहते हैं ग़ज़ज जिसको, शबनम की है, शोला भी, आग्रोश है ध्निया का, होरी का पसीना है जैसे शेरों के द्वारा अपने काव्य सरोकारों की घोषणा करने वाले वशिष्ठ अनूप हिन्दी ग़ज़ल की पहली कतार में प्रतिष्ठित ग़ज़लकार हैं। वह हिन्दी साहित्य के ऐसे विरल साहित्यकार हैं जो जितने संवेदनशील और व्यापक दृष्टि संपन्न कहे हैं, उतने ही कुशल और गंभीर समालोचक भी हैं। उनकी काव्य-भाषा आप जनजीवन की बोलती-बतियाती हुई भाषा है। सादगी और सहजता ही उनकी ग़ज़लों की शक्ति और सौन्दर्य है।

(डॉ० मीनाक्षी दुबे)

अब तक मेरी ग़ज़लों के दस संग्रह प्रकाशित हो चुके हैं। उनकी लोकप्रियता और प्रसिद्धि से मेरी पहचान बनी है। मेरी ग़ज़लों ने मुझे गज़लकार बनाया है। सारे भाव-विचार और लय-छंद-भाषा समाज ने दिये हैं। मैं उन्हें ही थोड़ा-सा हृदय का स्पर्श और एक व्यवस्था देकर प्रस्तुत कर देता हूँ। यही मेरी ग़ज़ल हो जाती हैं। नये और परिवर्धित संस्करण के प्रकाशन के लिए श्री अरुण माहेश्वरी और अदिति माहेश्वरी को धन्यवाद।

- वशिष्ठ अनूप

प्रोफेसर एवं अध्यक्ष, हिन्दी विभाग, काशी हिन्दू विश्वविद्यालय,

वाराणसी-221005 मो. 9415895812

ई-मेल-vanoopbhu09@gmail.com

अनुक्रम

1

हमेशा रँग बदलने की कलाकारी नहीं आती,
बदलते दौर की मुझको अदाकारी नहीं आती।

जिसे तहज़ीब कहते हैं, वो आते-आते आती है,
फ़क़त दौलत के बलबूते रवादारी नहीं आती।

हज़ारों महल बनवा लो, बहुत-सी गाड़ियाँ ले लो,
अगर किरदार बौना है, तो ख़ुद्दारी नहीं आती।

कभी घनघोर अँधियारा भी जीवन में ज़रूरी है,
अमावस के बिना पूनम की उजियारी नहीं आती।

निगाहों में निगाहें डाल सच कहने की आदत है,
ज़माने की तरह से मुझको ऐयारी नहीं आती।

बुढ़ापा सब पे आता है, बुढ़ापा सब पे आयेगा,
भले होते हैं जब बच्चे, तो लाचारी नहीं आती।

क़लम के साथ ही हाथों में मेरे फावड़ा आया,
सबब यह है कि मुझको अब भी गुलकारी नहीं आती।

बहुत चुपके से कोई दिल में आकर बैठ जाता
हैं, कभी भी सूचना देकर ये बीमारी नहीं आती।

कोई अंगार दिल को दग्ध करता है बहुत दिन तक,
न हो यह आग तो शब्दों में चिंगारी नहीं आती।

2

अगर कहना बहुत हो तो बहुत-सा छूट जाता है,
मैं थोड़ा बोलता हूँ और ज़्यादा छूट जाता है।

चमक बाज़ार की हमको लुभाती है बहुत लेकिन,
उसी बाज़ार में घर का ख़ज़ाना छूट जाता है।

हमारे ख़्वाब फूलों से हँसी यूँ छीन लेते हैं,
खिलौने वाले हाथों से खिलौना छूट जाता है।

बहुत मज़बूत हाथों से जकड़ रखा ज़माने ने,
तुम्हारी याद जब आती, ज़माना छूट जाता है।

सफलताओं के पीछे भागना अच्छा नहीं भाई,
सफलताओं के पीछे जाने क्या-क्या छूट जाता है।

परिन्दों के लिए परवाज़ है बेहद ज़रूरी पर,
बहुत ऊँचा उड़ो तो आशियाना छूट जाता है।

तुम्हारे मन में जो बच्चा है हरदम पालते रहना,
प्रगति की जगमगाहट में ये बच्चा छूट जाता है।

तपो, तपते रहो, तपते रहे तो और चमकोगे,
किसी छाया में जब बैठे तो जज़्बा छूट जाता है।

(07-07-2013 पुनः 19-03-2017)

3

गदोरी पर रची मेंहदी की लाली याद आती है,
मुझे अक्सर वो लड़की भोली-भाली याद आती है।

किसी कुन्दन-जड़ी गुड़िया को जब भी देखता हूँ मैं,
किसी के कान की पीतल की बाली याद आती है।

तुम्हारी बोलती ख़ामोशियाँ महसूस करता हूँ,
वो फूलों से भरी ख़ुशरंग डाली याद आती है।

बहुत-सी बिजलियों की झालरें आँखों में जब चुभतीं,
वो मिट्‌टी के दियों वाली दिवाली याद आती है।

नई तहज़ीब जब निर्वस्त्र होती जा रही दिन-दिन,
सलीकेदार औरत गाँव वाली याद आती है।

शहर के होटलों में रोटियों के दाम जब पढ़ता,
मुझे ममता-भरी वो घर की थाली याद आती है।

4

गाँव-घर का नज़ारा तो अच्छा लगा,
सबको जी भर निहारा तो अच्छा लगा।

गर्म रोटी के ऊपर नमक-तेल था,
माँ ने हँस कर दुलारा तो अच्छा लगा।

अजनबी शहर में नाम लेकर मेरा,
जब किसी ने पुकारा तो अच्छा लगा।

हर समय जीतने का चढ़ा था नशा,
अपने बच्चों से हारा तो अच्छा लगा।

एक लड़की ने बिखरी हुई ज़ुल्फ़ को
उँगलियों से सँवारा तो अच्छा लगा।

यूँ ही टकरा गई थी नज़र राह में,
मुड़ के देखा दुबारा तो अच्छा लगा।

रेत पर पाँव जलते रहे देर तक,
जब नदी ने पखारा तो अच्छा लगा।

एक खिड़की खुली, एक परदा उठा,
झिलमिलाया सितारा तो अच्छा लगा।

दो हृदय थे, उफनता हुआ सिन्धु था,
बह चली नेह-धारा तो अच्छा लगा।

चाँद-तारों की, फूलों की चर्चा चली,
ज़िक्र आया तुम्हारा तो अच्छा लगा।

5

खेलते मिट्टी में बच्चों की हँसी अच्छी लगी,
गाँव की बोली, हवा की ताज़गी अच्छी लगी।

मोटी रोटी, साग बथुए का व चटनी की महक,
और ऊपर से वो अम्मा की ख़ुशी अच्छी लगी।

अप्सराओं की सभा में, चहकती परियों के बीच,
एक ऋषिकन्या- सी तेरी सादगी अच्छी लगी।

सभ्यता के इस पतन में, नग्नता की होड़ में,
एक दुल्हन-सी तेरी पोशीदगी अच्छी लगी।

दिल ने धिक्कारा बहुत जब झुक के समझौता किया,
ज़ुल्म से जब भी लड़ी तो ज़िन्दगी अच्छी लगी।

6

कहा क्या हवा ने तनिक गुनगुनाकर,
चहकने लगीं पायलें छमछमाकर।

पकी बालियाँ खनखनाने लगी हैं,
दुल्हन ने बुलाया है कंगन बजाकर।

इधर उसने धीरे से पलकें उठायीं,
उधर कुछ परिन्दे उड़े फड़फड़ाकर।

झपकने से इनकार करती हैं पलकें,
कमल झील से एक निकला नहाकर।

लगा भीगने नेह से माँ का आँचल,
बुलाती हैं बछड़ों को गायें रम्हाकर।

नहीं ज्योति की हार होती तिमिर से,
यही कह रहा है दिया टिमटिमाकर।

न लंगर गिरेगा, न कश्ती रुकेगी,
जो दम हो तो तूफाँ दिखाये डुबाकर।

ये माना अँधेरा है बरज़ोर लेकिन,
चलो देखते हैं मशालें जलाकर।

7

मेरी हर ग़ज़ल हर कहानी में तुम हो,
मेरी जिंदगी ! ज़िन्दगानी में तुम हो।

तुम्हीं तुम हो साँसों की लय में हमेशा,
मेरी धड़कनों की रवानी में तुम हो।

सुबह झील में तुमको देखा कमल-सा,
निशा में लगा रातरानी में तुम हो।

कन्हैया की मुरली में तुम गा रही थी,
हमेशा लगा राधारानी में तुम हो।

तुम्हीं तो थी मीरा की दीवानगी में,
है लगता कि संतों की बानी में तुम हो।

तुम्हें गंगा-यमुना की लहरों में देखा,
धरा के वसन धानी-धानी में तुम हो।

8

हँसी फूल-जैसी, बदन मरमरी है,
किसी जादूगर की तू जादूगरी है।

है लगता कभी सिन्धु-मंथन से निकली,
है लगता कभी स्वर्ग की तू परी है।

बताती है मुस्कान तेरे लबों की,
तेरे पास ही कृष्ण की बाँसुरी है।

अचानक ये क्या हो गया की लजाकर,
सकुचने लगी पाँखुरी-पाँखुरी है।

तुम्हारे बिना मानती ही नहीं यह,
करे क्या कोई प्रीति तो बावरी है।

दुआ कीजिए इसको मिल जाये मंज़िल,
समुंदर की लहरों पे नन्हीं तरी है।

न जाने कभी फिर मिलें ना मिलें हम,
न शर्माइये यह विदा की घड़ी है।

ये बंजारापन जाने कबतक चलेगा,
मेरे साथ ये कैसी आवारगी है।

9

दरवाज़े के पीपल जैसे सब सहते थे बाबूजी,
हमें देखकर पढ़ते-लिखते, ख़ुश दिखते थे बाबूजी।

अम्मा तो कह भी देती थीं, कभी-कभी मन की बातें,
कम खाते थे, ग़म खाते थे, चुप रहते थे बाबूजी।

पैरों में चप्पलें हमेशा, हर मौसम धोती-कुर्ता,
दुबले तन पर मज़बूती से, सब सहते थे बाबूजी।

फीस, क़िताबें, होली-खिचड़ी, तीज, रजाई,
मेला, हाट, बुनकर के ताने-बाने-सा, सब बुनते थे बाबूजी।

घर भर की सारी ज़रूरतें गुप-चुप वह पढ़ लेते थे,
अपनी कोई भी अभिलाषा कब कहते थे बाबूजी।

नाती-पोतों की ख़ातिर वह कविता और कहानी थे,
शाम ढले तो अक्सर यादों में बहते थे बाबूजी।

10

अड़े हैं तो मंजिल की ज़िद में अड़े हैं
बहुत छोड़ कर ही हम आगे बढ़े हैं।

अदब से उठाना ज़रा इन दियों को
अमावस में ये तिरगी से लड़े हैं।

झुके हैं फलों से लदे ये शजर जो
यकीनन ये हमसे बहुत ही बड़े हैं।

बिना अन्न के है नहीं कुछ भी मुमकिन
सृजन के तो हथियार हल-फावड़े हैं।

तपन में जो शीतल बनाते हैं जल को
वे मिट्टी के अनमोल सुन्दर घड़े हैं।

बड़े दिख रहे हैं वे कंधों पे चढ़के
जो सचमुच बड़े हैं, वे झुककर खड़े हैं।

(21-10-2017)

11

बेड़ी औ ज़ंजीर की भाषा,
सन्-सन् चलते तीर की भाषा।

मुझे नहीं अच्छी लगती है,
सत्ता की, शमशीर की भाषा।

सीख रहा हूँ धीरे-धीरे,
तुलसी और कबीर की भाषा।

काश! मुझे भी मिल जाती वह,
शहद-सी मीठी मीर की भाषा।

मन होता है जाकर सीखूँ,
संतों, पीर फ़कीर की भाषा।

-

12

अवतार सिंह पाश और सफ़दर हाशमी की याद में

हम तेरे मुखौटों को तार-तार करेंगे,
और यह गुनाह यूँ ही बार-बार करेंगे।

हममें हज़ारों पाश हज़ारों हैं हाशमी,
इस जंग को हम और धारदार करेंगे।

गर चंद मशालों को बुझा देंगे अँधेरे,
इक फ़ौज़ मशालों की हम तैयार करेंगे।

शब्दों को सूलियों पे चढ़ा पाया है कोई,
आवाज़ को वे कैसे गिरफ़्तार करेंगे।

फाँसी पे चढ़ा दो या गोलियों से उड़ा दो,
हर ज़ुल्म का विरोध क़लमकार करेंगे।

साहित्य फ़कत ढाल नहीं, आक्रमण भी है,
यह आक्रमण हम तुम पे लगातार करेंगे।

(9-1-1989)

13

कुछ सकुचाना, कुछ घबराना अच्छा लगता है,
तेरा हँसना फिर शर्माना अच्छा लगता है।

मोटी-मोटी पोथी पढकर थक जाने के बाद,
मन के पृष्ठों को दुहराना अच्छा लगता है।

तेरी एक झलक पाने को, तुझसे मिलने को,
हर दिन कोई नया बहाना अच्छा लगता है।

फास्ट फूड और चमक-दमक वाले इस युग में भी,
अम्मा के हाथों का खाना अच्छा लगता है।

फूलों की घाटी में, तितली के पीछे-पीछे,
दूर देश तक उड़ते जाना अच्छा लगता है।

अक्षत, चंदन, मंत्र, पुष्प, नैवेद्य, अग्नि, कुमकुम,
ख्वाबों में भाँवरें लगाना अच्छा लगता है।

मन में यदि संकल्प भरे हों सुंदर दुनिया के,
तूफ़ानों से भी टकराना अच्छा लगता है।

14

सारे जग से निभाया तुम्हारे लिए,
हर किसी को मनाया तुम्हारे लिए।

तुमको अपना बनाने की थी कामना,
सबको अपना बनाया तुम्हारे लिए।

नाज़ से सर उठाकर चला हर जगह
हर जगह सर झुकाया तुम्हारे लिए।

जाने किस रूप में तुम कहाँ पर मिलो,
द्वार हर खटखटाया तुम्हारे लिए।

चाहता था तुम्हारी हँसी देखना,
मैंने सबको हँसाया तुम्हारे लिए।

कौन सा राग तुमको सुरीला लगे,
राग हर गुनगुनाया तुम्हारे लिए।

15

था कहाँ तैयार झुकने को किसी दरबार में,
पर ग़रीबी ले गई अपमान के संसार में।

फिर किसी बुधिया की काया बेक़फ़न रखी रही,
फिर किसी होरी की बेटी बिक गई बाज़ार में।

छोड़कर घर चल पड़ा हल्कू मजूरी के लिए,
पेट तक भरता नहीं खेती के कारोबार में।

रक्स करती अप्सराएँ पारदर्शी वस्त्र में,
संतजन दिखने लगे हैं काम के अवतार में।

चारणी सत्ता की, विज्ञापन की हैं रंगीनियाँ,
सच कहाँ तुमको मिलेगा आज के अखबार में।

16

हर ओर खट रहे हैं, यूपी-बिहार हैं हम,
हर रोज़ पिट रहे हैं, सबके शिकार हैं हम।

घर में जो मिलती रोजी, क्योंकर भटकते दर-दर,
ललकार की है क्षमता, फिर भी गुहार हैं हम।

हम सबके ख़ू-पसीने से जगमगाती दुनिया,
हम गाड़ियों के पहिए, कहते गँवार हैं हम।

यूँ भूख ने है तोड़ा, घर-गाँव से शहर तक,
हर हाँ में हाँ मिलाते, पिछले कहार हैं हम।

कुछ साज़िशों के चलते, बिखरा है ताना-बाना,
वरना सृजन भरा है, ताक़त अपार हैं हम।

अवसर अगर मिले तो, कुछ भी नहीं असंभव,
सीमा पे हम डटे हैं, दुश्मन पे वार हैं हम

17

सर झुकाकर यूँ भजन गाने से कुछ होगा नहीं,
पत्थरों को ताज़ पहनाने से कुछ होगा नहीं।

गर दिखाना है तो अपने बाजुओं का बल दिखा,
अजगरों को पेट दिखलाने से कुछ होगा नहीं।

वक़्त की ललकार है खंज़र नहीं तो पिन चुभा,
क़ातिलों के पाँव सहलाने से कुछ होगा नहीं।

दो क़दम व्यवहार की धरती पे चलकर देखिए,
बैठकर सिद्धांत पगुराने से कुछ होगा नहीं।

इस तड़पते व्यक्ति को भर पेट भोजन चाहिए,
एक दिन ग्लूकोज चढ़वाने से कुछ होगा नहीं।

वक़्त रहते आसमाँ से चाँद-तारे तोड़ लो,
बाद में किस्मत पे पछताने से कुछ होगा नहीं।

उठेंगी चिन्गारियाँ तो रोशनी होगी ज़रूर,
कौन कहता है कि टकराने से कुछ होगा नहीं।

18

उम्र तो है गुड़िया से खेलें, नज़र टिकी गुब्बारों पर,
नंगे पाँव चले हैं बच्चे, दहक रहे अंगारों पर।

सर पर भारी बोझ लिये वैदेही पैदल भटक रही,
टूटी चप्पल, दूर है मंज़िल, चलना है तलवारों पर।

स्वाभिमान से जो जीते थे, आज भिखारी जैसे हैं,
संकट में भी क्रूर सियासत, थू ढोंगी हत्यारों पर।

कई दिनों से भूखी-प्यासी माँ की छाती सूख गई,
नाज़ुक बच्चा हुआ अधमरा, लानत है मक्कारों पर।

खाना नहीं मिला पर लाठी अक्सर ही खा लेते हैं,
साँसें टँगी हुई हैं इनकी, मंज़िल की मीनारों पर।

सब कुछ खोकर सड़क किनारे भी रुकने को जगह नहीं,
नेताओं की हँसती फोटो चिपकी है दीवारों पर।

रिक्शा ठेला साइकिल पैदल, गिरते-पड़ते निकल पड़े,
अकथ दर्द की कविता कैसे लिख दूँ इन बंजारों पर।

19

बढ़ रही तक़रार में कुछ प्यार की आहट-सी है,
इस नये अंदाज़ में इकरार की आहट-सी है।

हर घड़ी, हर पल फिसल जाने के ख़तरे बढ़ रहे,
दोस्ती के बीच अब बाज़ार की आहट-सी है।

कर्ण-दुर्योधन, सुदामा-कृष्ण की यारी भी है,
किन्तु इन रिश्तों में कपटाचार की आहट-सी है।

यह मोबाइल जोड़ने के वास्ते आया तो था,
पर इसी से उठ रही दीवार की आहट-सी है।

ये हमारे घरों में घुसकर डराने लग गये,
इन हसीं चेहरों में अत्याचार की आहट-सी है।

20

हदों के पार होता जा रहा है,
समय ख़ूँखार होता जा रहा है।

शरारे उड़ रहे हैं हर गली में,
शहर अंगार होता जा रहा है।

चलो बाज़ार से घर आ गये, पर
ये घर बाज़ार होता जा रहा है।

सिकुड़ती जा रही है दिल की दुनिया,
नगर- विस्तार होता जा रहा है।

बड़े आराम से सुख इस तरफ़ का,
समुंदर पार होता जा रहा है।

लड़ाई अब नहीं टैंकों-बमों की,
शहद हथियार होता जा रहा है।

मशालें फिर जलाने का समय है,
बहुत अँधियार होता जा रहा है।

21

बिन बताए बड़ी ख़ामुशी से,
यूँ ही लग जाता है दिल किसी से।

मेरी हर साँस में वह बसा है,
मैं मिला था किसी अजनबी से।

आग पर हँस के चलता रहा हूँ
जल गया एक दिन चाँदनी से।

अस्त्र कोई नहीं काम आया
जीत ली जंग उसने हँसी से।

जान लेकर कभी से खड़ा हूँ
वो जो माँगे तो दे दूँ ख़ुशी से।

22

भूख डाइन-सी झपट्टे मारती गुर्रा रही है, एक
औरत बुझ रही-सी आग को सुलगा रही है।

सिर पे बोझा, पीठ पर बच्चे को बाँधे जा रही है,
ज़िन्दगी की जंग में वह हर घड़ी टकरा रही है।

भूख, रोटी, भात, बच्चे, मर्द है दुनिया यही,
है कोई मंज़िल नहीं, पर जा रही है, आ रही है।

भूख से बेहाल बच्चा लोट जाता है ज़मीं पर,
वह उसे चंदा दिखाकर देर से बहला रही है।

शाम को फ़ुर्सत मिली तो गुथ रही आटे-सी ख़ुद,
भूख उसको खा रही है, भूख को वह खा रही है।

(20-12-2012, रांची)

23

हीरे जैसी चमक रही यह काली लड़की सुंदर है,
बलखाती कजरारे नैनों वाली लड़की सुंदर है।

आँखों में विश्वास भरा, पग नाप रहे हैं रस्ते को,
फूल-गंध से लदी है डाली-डाली लड़की सुंदर है।

छल-प्रपंच से शायद इसका पाला नहीं पड़ा अबतक,
अल्हड़ औ बेफ़िक्र-सी भोली-भाली लड़की सुंदर है।

नई उम्र है मगर इरादे फ़ौलादी लगते इसके,
छुई-मुई-सी नहीं है यह बलशाली लड़की सुंदर है।

देता है आशीष यही मन, सदा रहे हँसती यूँ ही,
जीवन में बरसे हर पल ख़ुशहाली लड़की सुंदर है।

हरा रंग यह हरी प्रकृति के साथ जोड़ता है नाता,
भीतर-बाहर बनी रहे हरियाली लड़की सुंदर है।

(21-12-2012, रांची)

24

नदी है बंधनों में, मुक्त होकर बह नहीं पाती,
कोई दीवार है सदियों पुरानी ढह नहीं पाती।

ज़ुबाँ भी है, बहुत बातें भी हैं, पर मौन रहती है,
सभी दिन भर सुनाते फिर भी माँ कुछ कह नहीं पाती।

हज़ारों दुख सहे हैं उम्र भर औलाद की ख़ातिर,
बुढ़ापे में वो बच्चों की रुखाई सह नहीं पाती।

रहा करते थे बच्चे जिस तरह माँ-बाप के घर में,
उसी अधिकार से माँ उनके घर क्यों रह नहीं पाती?

25

भले ही बर्तनों की भाँति लड़कर झनझनाएगा,
फिसलकर जब गिरोगे तब पड़ोसी ही उठाएगा।

कभी आँखें तरेरेगा, कभी पोंछेगा आँसू भी,
रहेगा वक़्त पर जो पास, वो ही काम आयेगा।

हँसी के छोर पर दो बूँद आँसू की जगह रखना,
नहीं तो वेदना का स्वर घुमड़कर लौट जाएगा।

मैं अक्सर सोचता हूँ दर्द बंजारा न हो जाये,
नहीं होऊँगा मैं तो द्वार किसके खटखटाएगा।

हृदय के देश में बंजर इलाका गर बढ़ा यूँ ही,
तो यह भी सोच ले कल किस जगह सपने उगाएगा!

गये मिट्टी के घर, होता है क़त्लेआम पेड़ों का,
परिंदा सोच में डूबा, कहाँ अब घर बनाएगा।

26

बिजलियों का जहाँ निशाना है,
हाँ, वहीं मेरा आशियाना है।

आँधियाँ तेज़तर हुई जातीं,
दीप की लौ को टिमटिमाना है।

शर्त यह है कि लब हिलें भी नहीं,
और सब हाल भी बताना है।

ख़ूब पहचानता हूँ मैं ग़म को,
मेरे घर उसका आना-जाना है।

सारे इल्ज़ाम हमने मान लिये,
अब तुम्हें फ़ैसला सुनाना है।

खोया-खोया-सा सदा रहता है,
उसका अंदाज़ शायराना है।

है यहाँ आज कल कहीं होंगे,
हम परिन्दों का क्या ठिकाना है।

27

मशालें जो हम-तुम जलाए हुए हैं,
अँधेरे बहुत तिलमिलाए हुए हैं।

उन्हें खल रही है ये हिम्मत हमारी,
कि क्यों लोग परचम उठाए हुए हैं।

दिलों में कोई आग दहकी हुई है,
पलाशों के मुँह तमतमाए हुए हैं।

हमारे पसीने की आभा है इनमें,
जो गुल लान में मुस्कराए हुए है।

ये बेख़्वाब आँखें, ये बेजान चेहरे,
उन्हीं ज़ालिमों के सताए हुए हैं।

अजब है जो निकले थे ज़ुल्मत मिटाने,
वे दरबार में सर झुकाए हुए हैं।

28

महल में बैठकर वह आमजन की बात करता है,
कोई आवारा मीरा के भजन की बात करता है।

तेरे मुँह से सितम के ख़ात्मे की बात यूँ लगती,
स्वयँ रावण ही ज्यों लंका दहन की बात करता है।

नहीं महफ़ूज़ हैं अब बेटियाँ अपने घरों में भी,
जनकपुर में कोई सीताहरण की बात करता है।

मुखौटे में छिपे हर रहनुमा चेहरे का ये सच है,
वो छूकर बर्फ़ तेज़ाबी जलन की बात करता है।

हमारे दौर में अच्छे-बुरे का फ़र्क़ है मुश्किल,
यहाँ हर बदचलन अब आचरण की बात करता है।

बाबा बैठता है सोने चाँदी के सिंहासन पर,
वो इस संसार को माया-हिरन की बात करता है।

29

लिखना दिल का हिसाब चुपके से
मुझको देना जवाब चुपके से।

मेरे ख्वाबों में तुम चली आना
मैं भी देखूँगा ख़्वाब चुपके से।

किसने छेड़ा है मन के तारों को
दिल में बजते रबाब चुपके से।

चाहता हूँ हर एक घर महके
यूँ खिले इक गुलाब चुपके से।

मैं ज़माने से छिप के देखूँगा
तुम हटाना नकाब चुपके से।

तुमको देखा तो आ गया सहसा
इक हसीं इंक़लाब चुपके से।

हर वरक पर है गुफ़्तगू तुमसे
पढ़ना दिल की किताब चुपके से।

दिल की दुनिया में जब भी आना हो
आइयेगा जनाब चुपके से।

रबाब-सितार जैसा एक वाद्य, वरक- पृष्ठ

30

क्यों उठ रही हैं लपटें, क्यों हुआ है लाल जंगल,
देना पड़ेगा उत्तर, करता सवाल जंगल।

क्यों घास-फूस- फल सब बारूद बन गये हैं,
कैसी है आग जिससे लेता उबाल जंगल।

असहाय-सा खड़ा है, न कवच बचा न कुंडल,
इक दौर था कि सब का बनता था ढाल जंगल।

मुश्किल है यूँ समझना सुख-दुख अभाव उसके,
तुम पास जाके बैठो तो कहेगा हाल जंगल।

हमने युगों-युगों से जंगल में जाल डाले,
अब दिन बदल रहे हैं, डालेगा जाल जंगल।

प्रतिरोध में पलटकर उठना था इक न इक दिन,
ख़ामोश रह के कबतक होता हलाल जंगल।

बेहतर है वक़्त रहते, चलकर उसे मना लो,
वर्ना करोगे क्या जब ठोंकेगा ताल जंगल?

31

ज़मीं से आसमाँ तक हर नज़ारा भूल जाता हूँ,
तुम्हारी याद जब आती है दुनिया भूल जाता हूँ।

मुझे हर ख़ूबसूरत शै में तुम ही तुम नज़र आती,
मैं तुममें इस क़दर खोता कि रस्ता भूल जाता हूँ।

ज़रा ख़ामोश लफ़्ज़ों को भी सुनने का हुनर सीखो,
जो दिल की बात है तुमको बताना भूल जाता हूँ।

गुलाबों की डगर, काँटों की राहें सब बराबर हैं,
दिलों की राह में सहरा व दरिया भूल जाता हूँ।

अजब यह राग है जिसको ज़माना प्यार कहता है,
तेरी आवाज़ सुनकर हर तराना भूल जाता हूँ।

33

क़लम को थपथपाती है हुकूमत,
क़लम से थरथराती है हुकूमत।

क़लम को कुंद करने के हज़ारों,
तरीके आजमाती है हुकूमत।

क़लम की रीढ़ रह जाये न क़ायम,
गले हँसकर लगाती है हुकूमत।

लपट जब फेंकने लगती कभी तो,
क़लम से काँप जाती है हुकूमत।

फ़तह कर ले बहुत-से मोरचे पर,
क़लम से हार जाती है हुकूमत।

35

अक्षर-अक्षर, तिनका-तिनका चुनना पड़ता है,
भीतर-भीतर कितना कहना-सुनना पड़ता है।

चिड़िया जैसे नीड़ बनाती है तन्मय होकर,
कविता को भी बहुत डूबकर बुनना पड़ता है।

दुहराना पड़ता है सुख-दुख को हँसकर-रोकर,
यादों में खोकर अतीत को गुनना पड़ता है।

इतनी गुत्थमगुत्था हो जाती हैं कुछ यादें,
जज़्बातों को रुई- सरीखा धुनना पड़ता है।

36

ये मंज़र देखकर हर शख़्स हैरानी में रहता है,
पुलिस का महकमा गुंडों की निगरानी में रहता है।

कोई भी माफ़िया खद्दर पहनकर जब पहूँचता तो,
हुकूमत का अलंबरदार अगवानी में रहता है।

हमारे गाँव में चलकर कभी देखें नज़ारा यह,
मगर के साथ कैसे आदमी पानी में रहता है।

ग़रीबों के लिए इज़्ज़त बचाना है बहुत मुश्किल,
अभी भी गाँव में होरी परेशानी में रहता है।

शहंशाहों की दुनिया मिट गई पिछले ज़माने में,
हमारा रहनुमा पर रोबे-सुल्तानी में रहता है।

ख़ुदा इंसाँ के दिल में प्यार बनकर टिमटिमाता है,
कहाँ कुरआन, गीता या कि गुरुबानी में रहता है।

यहाँ अट्टालिकाएँ रोज़ बनती जा रहीं लेकिन,
बनाने वाला क्यों फुटपाथ या छानी में रहता है?

37

मन में सोचा था जो हूबहू देखना,
ख़ूब था चाँद को रूबरू देखना।

लाज भीगे नयन, लोच खाता बदन,
इक हक़ीक़त बनी आरज़ू देखना।

एक पल में ख़यालों में खोई हुई,
फिर मृगी-सी चिहुँक चारसू देखना।

मंद-मंथर टहलती हुई चाँदनी,
और ख़ुशबू से दिल का रफ़ू देखना।

थरथराते अधर जब न कुछ कह सके,
तब निगाहों की वो गुफ़्तुगू देखना।

रूबरू-प्रत्यक्ष, आरज़ू-आकांक्षा, चारसू चारों तरफ़, गुफ़्तगू-बातचीत

38

अंतरराष्ट्रीय बालश्रम निषेध दिवस पर

जाने दो स्कूल उन्हें

नन्हें-मुन्नों से ममता का आँगन मत छीनो,
बच्चों के जीवन से उनका जीवन मत छीनो।

रोना-हँसना ज़िद करना बच्चों की फ़ितरत है,
नई कोपलों को बढ़ने दो, ठनगन मत छीनो।

जाने दो स्कूल उन्हें सपनों को खिलने दो,
उड़ने दो उन्मुक्त गगन में, मधुबन मत छीनो।

सारा जीवन तो तपना है जेठ-दुपहरी में,
तितली वाली उम्र में उनसे सावन मत छीनो।

कठिन काम पर मत भेजो, दो कॉपी-कलम उन्हें,
इसी उम्र में उनके सर से दामन मत छीनो।

(11-06-2021)

39

मीठा-सा एक दर्द है, हलचल जिगर में है,
कुछ ख़ास तो ज़रूर तुम्हारी नज़र में है।

आँखों में इंद्रजाल है, ज़ुल्फ़ों में बदलियाँ,
फूलों का रस,गुलाब की लाली अधर में है।

कुछ दिन से अपना दिल भी तो अपना नहीं रहा,
हर वक़्त बेक़रार है, हर पल भँवर में है।

रहता सदा सवार सपनों के पंख पर,
दिन-रात उड़ रहा किसी मायानगर में है।

हैरान चाँदनी है, परेशान कहकशाँ,
इक चाँद आसमान में, इक चाँद घर में है।

परदे में रहके सब की निगाहों में है वही,
ख़ामोश है वो फिर भी हमेशा ख़बर में है।

40

इस तरह उसने चुपके से क्या कर दिया,
बस तनिक मुस्करा कर मना कर दिया।

मेरे प्रश्नों के उत्तर किसी फूल ने,
गुनगुना कर दिया, कुछ लजा कर दिया।

डर नहीं था ज़माने का कोई मगर,
मन दिया जब तो सबसे छिपा कर दिया।

पाँव में उसके काँटा चुभे ना कभी,
रास्ता पंखुड़ी पर सजा कर दिया।

ख़्वाब में भी न तक़लीफ़ उसको मिले,
यह यकीं उसके ख़्वाबों में जाकर दिया।

41

अभी भी सर उछाले जा रहे हैं,
अभी ख़ंजर निकाले जा रहे हैं।

ग़रीबों की बहू और बेटियों को,
अभी गुंडे उठा ले जा रहे हैं।

अभी दंगों की फसलें उग रही हैं,
दरिंदे अब भी पाले जा रहे हैं।

अभी हालात काबू में नहीं हैं,
अभी हथियार ढाले जा रहे हैं।

नहीं है अंत अब भी मुश्किलों का,
मसाइल कल पे टाले जा रहे हैं।

मसाइल-समस्याएँ

42

ज़ुबाँ कुछ भी कहे, अंदाज़ में इकरार देखा है,
तेरी आँखों में तो मैंने, हमेशा प्यार देखा है।

नज़ाकत है तेरी बातों में, फूलों-सी नफ़ासत है,
अजब-सा है कोई जादू, जिसे हर बार देखा है।

ऐ गंगा माँ, बड़ी बेशर्म संतानें तुम्हारी हैं,
तुम्हारे नाम पर अरबों का भ्रष्टाचार देखा है।

नये युग का, सुखों का हर तरफ़ बजता ढिंढोरा पर,
बहुत सारे घरों में अब भी हाहाकार देखा है।

हरेक दल को ज़रूरत है, लुटेरों और गुंडों की,
समय ने ज़ुल्म का बेख़ौफ़ कारोबार देखा है।

मसीहा शांति का कहिए, या उसको देवता कहिए,
इन्हीं आँखों ने उस ज़ालिम का अत्याचार देखा है।

रहा ताउम्र घर-परिवार की ख़ुशियाँ जुटाता जो,
बुढ़ापे में उसे हमने बहुत लाचार देखा है।

43

जो बहाते ख़ूँ-पसीना, उनका आदर है कहाँ,
घर बनाने वालों का,अपना कोई घर है कहाँ?

अन्न उपजाते हैं जो, सारे सृजन करते हैं जो,
भूख भर भोजन अभी उनको मयस्सर है कहाँ?

अपनी मेहनत से बदलते भाग्य ये संसार का,
इन अभागों का मगर, अपना मुकद्दर है कहाँ?

सुख तो मृगजल की तरह, हर रोज़ छलता ही गया,
ख़्वाब में देखा गया, मीठा सरोवर है कहाँ ?

पत्थरों पर नाम राजाओं के खुदवाये गए,
नाम गढ़ने वालों के, कोई भी पत्थर है कहाँ?

44

तुलसी के, जायसी के, रसखान के वारिस हैं,
कविता में हम कबीर के ऐलान के वारिस हैं।

हम सीकरी के आगे माथा नहीं झुकाते,
कुम्भन की फ़कीरी के अभिमान के वारिस हैं।

सीने में दिल हमारे आज़ाद का धड़कता,
हम वीर भगत सिंह के बलिदान के वारिस हैं।

एकलव्य का अंगूठा कुछ पूछता है हरदम,
हम तीर कमानों के संधान के वारिस हैं।

हमने समर में पीठ दिखाई नहीं कभी भी,
आल्हा के हम सहोदर, मलखान के वारिस हैं।

45

यह दर्द की सदी है, ठहरी-सी है रवानी,
हर गाँव रो रहा है, जलती है राजधानी।

हर ओर द्रोपदी के के क्रंदन भरे हुए हैं,
फिर चुप है हस्तिनापुर, फिर है वही कहानी।

इक्कीसवीं सदी के मानव के आचरण पर,
ग़मगीन है सुयोधन, रावण है पानी पानी।

हर शहर में दुशासन तांडव मचा रहे हैं,
क्यों जागती नहीं है, इस देश की जवानी।

हर घर सुलग रहा है, हर जन उबल रहा है,
नेता सुना रहे हैं, संसद में लंतरानी।

ये ग़ज़ल ग़ज़ालचश्मों से गुफ़्तगू नहीं है,
यह है मेरे अहद के ज़ख़्मों की तर्जुमानी।

46

तुम्हें ही याद किया रोज़ प्रार्थनाओं में
तुम्हें ही माँगा ख़ुदा से सदा दुआओं में

भटक के कोई परी आ गई है धरती पर
कई दिनों से ये चर्चा है अप्सराओं में।

हँसी चुरा के तुम्हारी है चाँदनी उज्ज्वल
तुम्हारी ज़ुल्फ दिखी सावनी घटाओं में।

तुम्हारी सिम्त चला हर क़दम चला जब भी
तुम्हें पुकारा हरेक साँस की सदाओं में।

47

ज़मीं से आसमाँ तक हर नज़ारा भूल जाता हूँ,
तुम्हारी याद जब आती है दुनिया भूल जाता हूँ।

मुझे हर ख़ूबसूरत शै में तुम ही तुम नज़र आती,
मैं तुममें इस क़दर खोता कि रस्ता भूल जाता हूँ।

ज़रा ख़ामोश लफ़्ज़ों को भी सुनने का हुनर सीखो,
जो दिल की बात है तुमको बताना भूल जाता हूँ।

गुलाबों की डगर, काँटों की राहें सब बराबर हैं,
दिलों की राह में सहरा व दरिया भूल जाता हूँ।

अजब यह राग है जिसको ज़माना प्यार कहता है,
तेरी आवाज़ सुनकर हर तराना भूल जाता हूँ।

48

सुख-दुख दोनों ही आते हैं, एक साथ त्योहार में,
मिल जाएँगे, डरे हुए हामिद, मेले- बाज़ार में।

गाँव-शहर में मौत टहलती, मातम है, सन्नाटा है,
फिर भी ख़ुशियाँ चहक रही हैं, टीवी पर, अखबार में।

नहीं मयस्सर इज़्ज़त से आख़िरी विदाई भी अब तो,
ढूँढ लिए शैतानों ने, अवसर इस हाहाकार में।

भूख भेजती शहर रोज़ ही लेकिन मिलता काम नहीं,
लौट रहे मज़दूर उदासे, वापस घर-परिवार में।

प्रेम-कहानी कहने-सुनने में अच्छी लगती लेकिन,
एक जनम में कई बार, मरना पड़ता है प्यार में।

(15-05-2021, ईद)

49

रूप कंचन तपाकर निकाला हुआ,
जिस्म ऐसा कि साँचे में ढाला हुआ।

चाँद निकला तो रौशन हुआ यह जहाँ,
तुम को देखा तो मन में उजाला हुआ।

यूँ झटककर जो ज़ुल्फ़ों को बिखरा दिया,
यक-ब-यक सारा आकाश काला हुआ।

इंद्रधनु, फूल, खुशबू, कुहुक, कहकशाँ,
है तुम्हारा ही हर जाल डाला हुआ।

ये नज़र, ये हँसी, ये हया, ये अदा,
तेरा अंदाज़ सबसे निराला हुआ।

50

दुल्हनों के हाथ चूड़ी, पाँव पायल है कहाँ!
प्यार में कोई किसी के सच में पागल है कहाँ!

ये महज साधन हैं आँखों को सजाने के लिए,
माँ बनाती थी जो घी से अब वो काजल है कहाँ!

फोन से माँ-बाप के मालूम कर लेते हैं हाल,
पास जाकर बैठने का वक़्त दो पल है कहाँ!

सब बरस जाते हैं नदियों और सागर की तरफ़,
सूखते खेतों के हिस्से, कोई बादल है कहाँ!

51

जलाते हैं अपने पड़ोसी के घर को,
ये क्या हो गया है हमारे शहर को।

समुन्दर का पानी भी कम ही पडेगा,
जो धुलने चले रक्तरंजित नगर को।

सम्हालो ज़रा सिर फिरे नाविकों को,
ये हैं मान बैठे किनारा भँवर को।

मछलियों को कितनी ग़लतफ़हमियाँ हैं,
समझने लगीं दोस्त ख़ूनी मगर को।

दिखा चाँद और ज्वार सागर में आया,
कोई रोक सकता है कैसे लहर को।

बहुत भोलीभाली है सूरत तुम्हारी,
नज़र लग न जाये तुम्हारी नज़र को।

परिन्दों के दिल में मची खलबली है,
मिटाने लगे लोग क्यों हर शजर को।

समन्दर के तूफाँ से वो क्या डरेंगे,
चले ढूँढने हैं जो लालो-गुहर को।

उठो और बढ़ो क्योंकि हमको यकीं है,
हमारे क़दम जीत लेंगे सफ़र को।

52

राजमहलों में पाला गया था इसे, आज है झोपड़ी की दुलारी ग़ज़ल,
मनचलों ने पिन्हाये थे घुँघरू इसे, आज है माँ-बहन की-सी प्यारी ग़ज़ल।

तीर चलते थे कल मदभरे नैन से, जाम होठों से इसके छलकते रहे, ज़ुल्फ़
के ख़म से वाबस्ता थी कल मगर, ज़ुल्म के रूबरू है हमारी ग़ज़ल।

निष्कलुष प्यार की भीनी-भीनी महक, ताज़गी जैसे बच्चों की निश्छल हँसी,
इसमें शामिल है माटी का कुछ सोंधापन, खूँ-पसीने से हमने सँवारी ग़ज़ल।

कल थिरकती थी तबले की थापों पे यह, महफ़िलों में लगाती थी ठुमके सदा,
हाथ मेंहदी रचाये खड़ी थी मगर, आज है मुक्ति की इक कटारी ग़ज़ल।

प्यार मीरा, घनानंद, रसखान का, पीर इसमें कबीरा, निराला की है,
आज है अपनी कुटिया की रानी बनी, कल भिखारिन-सी थी दसदुआरी ग़ज़ल।

एक मज़लूम के हाथ में ज्यों धनुष, हक़ की ख़ातिर तनी मुट्ठियों की तरह,
आक्रमण की है तैयारियाँ कर रही, दर्द के गाँव में ग़म की मारी ग़ज़ल।

53

कौन कहता कि आकाश-फल है ग़ज़ल,
वक़्त के रूबरू आजकल है ग़ज़ल।

एक माँ की पुलक, एक कृषक की ख़ुशी,
खेत में लहलहाती फसल है ग़ज़ल।

रूप सुंदर लगे सादगी से भरा,
एक अँजुरी-भरा गंगाजल है ग़ज़ल।

काल के गाल पर कुछ हँसी, कुछ रुदन,
अश्रु की बूँद जैसी तरल है ग़ज़ल।

कैसे जीवन से कविता जुड़ेगी पुनः,
प्रश्न का एक सीधा-सा हल है ग़ज़ल।

एक सुंदर जगत के सृजन के लिए,
शब्द-संसार में इक पहल है ग़ज़ल।

54

ख़ुद्दारी के दीवाने जा बैठे हैं बाज़ारों में,
अग्निऋचा लिखने वाले नतमस्तक हैं दरबारों में।

नाम लिखे हैं अब भी जिनके थानों की दीवारों पर,

बड़ी-बड़ी तस्वीरें उनकी छपती हैं अखबारों में।

राजा जी के हर भाषण में जगजग चाँद-सितारे हैं,
प्रगति कर रहा देश हमारा, विज्ञापन में, नारों में।

पुलिस प्रशासन, कोर्ट कचहरी, सब उनके ही चाकर हैं,
जिनका बहुत बड़ा ओहदा था, चंबल के सरदारों में।

सच का छूटा साथ, अर्थ धुँधलाये सारे शब्दों के,
चौथे पाये के रखवाले, बिके चंद उपहारों में।

55

फूल की खुशबू हवा की ताज़गी ख़तरे में है,
लोकगीतों की खनकती रागिनी ख़तरे में है।

सभ्यता इस दौर की है निर्वसन होने लगी,
आदमीयत गुम रही है आदमी ख़तरे में है।

पानी-पानी को तरसती सोच में डूबी नदी,
हो रही हर रोज़ दूषित ज़िन्दगी ख़तरे में है।

पत्थरों के जंगलों में पल रहे विषधर तमाम,
प्यार में डूबी हुई निष्छल हँसी ख़तरे में है।

लोग अब करने लगे हैं यूँ अँधेरों को नमन,
चाँदनी सहमी हुई है, रोशनी ख़तरे में है।

दिन ब दिन रंगीन होता जा रहा संसार यूँ,
इन दिनों सदियों सराही सादगी ख़तरे में है।

56

बनारस में माना मसाइल[1] बहुत हैं,
मगर लोग सुख-दुख में शामिल बहुत हैं।

बढ़े बाल, गमछे से भ्रम में न पड़ना,
यहाँ गमछे वाले भी क़ाबिल बहुत हैं।

यहाँ लोक और वेद हैं साथ चलते,
जो हैं आम दरवेश आक़िल बहुत हैं।

भरी भीड़ सड़कें हैं गलियों में गलियाँ,
धड़कते मगर प्यार से दिल बहुत हैं।

सरेआम घाटों पे सब लूट लेंगे,
यहाँ रामनामी में क़ातिल बहुत हैं।

बहुत हैं यहाँ डूब जाने के ख़तरे,
मगर थामने वाले साहिल बहुत हैं।

यहाँ मृत्यु को भी समझते हैं मंगल,
यहाँ दर्दोग़म की महाफ़िल[2] बहुत हैं।

कबीरा के करघे के उलझे हैं धागे,
मगर ज़िन्दगी के वसाइल[3] बहुत हैं।

अँधेरों को देते रहेंगे चुनौती,
दिये आँधियों के मुक़ाबिल बहुत हैं।

1- समस्याएँ, 2- महफ़िलें, 3-समाधान

57

समझना उसको मुश्किल है, बड़ा शातिर शिकारी है,
वो खंजर बेचने वाला अहिंसा का पुजारी है।

है उसकी भेड़िये-सी शक्ल, आँखें बिल्लियों-सी हैं,
अखिल ब्रह्मांड पर उसका अजब सा ख़ौफ़ तारी है।

नये हथियार हैं उसके, नयी रणनीतियाँ भी हैं, नयी
सज-धज से निकला फिर पुराना कारोबारी है।

शहर में बस गए भाई, न आये गाँव वर्षों से,
है बूढ़ा बाप, रोगी माँ है और बेटी कुँवारी है।

सभी के सामने जाने क्यों अक्सर गिड़गिड़ाता है,
हमारा देश है या यह कोई भूखा भिखारी है !

दिखाता है ये सपने और आँखें छीन लेता है,
है हमारा रहनुमा है यह कि इक शातिर मदारी है !

तेरे ख़ामोश रहने से, सितम बढ़ता ही जाएगा,
उसकी आज तो कल सोच ले तेरी भी भारी है।

(10-4-2003)

58

यहाँ-वहाँ से,कहाँ-कहाँ से, तिनके लाती है,
कई दिनों से एक बया घोंसला बनाती है।

उसके मन की पीड़ाओं को कौन समझता है,
दुनिया कहती कोयल कितना मीठा गाती है !

चुपके-चुपके माँ, बेटी के भीतर उतर गई,
माँ- जैसा ही, बेटी को, बेटी समझाती है।

बचपन के दिन, धीरे-धीरे पीछे छूट रहे, वह
ख़ुद से बातें करती, ख़ुद से शरमाती है।

पेट अधम है, चाहे जैसे करम करा ले यह,
वर्ना जिल्लत की रोटी कब किसको भाती है।

उसे पता है, वह अपनी पहचान गँवा देगी,
फिर भी नदिया सागर से क्यों मिलने जाती है!

59

तुम्हें जो देखूँ, तो दिल की धड़कन से एक मीठी-सी चाह बोले,
कहाँ से सीखा हुनर ये तुमने, ज़बान चुफ और निगाह बोले।

चकित हैं आँखें, कि चाँद अंबर का इस धरा पर कहाँ से आया,
बताऊँ कैसे कि मन के भीतर छिपा-छिपा इक गुनाह बोले।

अजब-सी ख़ुशबू भरी हवा में, अजब नशा है घुला फ़िज़ा में
भले चलो तुम छिपा के ख़ुद को, जिधर से गुज़रो वो राह बोले।

ये दमका-दमका-सा रूप-कुंदन, ये बहकी-बहकी घटा-सी ज़ुल्फ़े,
ये होठ सुन्दर गुलाब-जैसे, जो तुमको देखे, वो 'वाह' बोले।

खुलें जो आँखें तो तुमको देखूँ, हों बंद पलकें तो दिल में तुम
हो, हज़ारों अरमाँ मचल रहे हैं, ख़मोशी भी बेपनाह बोले।

60

होठ तेरे भले बंद हों पर, मन का हर भेद ये खोलती हैं,
किस मदरसे में इनको पढ़ाया, तेरी आँखें बहुत बोलती हैं।

हैं जो बढ़ती नदी की ये लहरें हैं जो चढ़ती उमर की तरंगें,
आँधियाँ हैं जो ये ख़ुशबुओं की, अपने आगे किसे तोलती हैं।

तितलियाँ दिन में करती हैं पीछा, रात भर चाँद तकता है तुझको,
तेरी जुल्फों की दीवानी बनकर, बदलियाँ साथ में डोलती हैं।

तेरी नाराज़गी इक क़ज़ा है, जिंदगी है तेरी इक हँसी
में, तू ज़माने में सबसे जुदा है, तेरी बातें शहद घोलती है।

61

तुलसी से मुझे प्यार है और इश्क़ मीर से,
कायम है सदा से मेरा रिश्ता कबीर से।

प्रतिपक्ष में हरदम हुई अन्याय के खड़ी,
वाबस्तगी क़लम की हमेशा है पीर से।

मुझको कभी लुभा नहीं पाईं बुलंदियाँ,
शुरुआत मैं करता हूँ हमेशा अखीर से।

रोये हैं फूट-फूट कर धरती व आसमाँ,
मारा गया है जब कोई निर्दोष तीर से।

बढ़ती है ख़ुशी बाँटने से और ज़ियादा,
ये बात सुनी थी किसी पहुँचे फ़क़ीर से।

सन्यासियों की बात तो मुझको नहीं पता,
मैं प्यार को अलगा नहीं पाया शरीर से।

62

ख़ूबसूरत से इरादों की बात करता है, वो
पतझड़ों में गुलाबों की बात करता है।

इक ऐसे दौर में जब नींद बहुत मुश्किल है,
अजीब शख़्स है, ख़्वाबों की बात करता है।

उछाल करके कुछ मासूम से सवालों को,
वो पत्थरों से जवाबों की बात करता है।

वो चाहता है अँगूठे बचे रहें सबके,

वो कापियों की, क़िताबों की बात करता है।

एक चिन्गारी छिपाए है अपने सीने में,
वो बार-बार मशालों की बात करता है।

63

ख़्वाबों को जैसे सच में बदलते हुए
देखा, मैंने ज़मीं पे चाँद उतरते हुए देखा।

देखा कि एक फूल बोलता है किस तरह,
होठों से हरसिंगार को झरते हुए देखा।

कोयल, कमल, गुलाब, घटा, शहद, चाँदनी,
ख़ुशबू को पाँव-पाँव टहलते हुए देखा।

लहराती -सी, गाती-सी, मचलती-सी लहर
-सी, इक रूप की नदी को उफनते हुए देखा।

सोचा कि कैसे सीप में आएगा समन्दर,
अपरूप रूप वह जो उमड़ते हुए देखा।

64

मुझे पतझड़ भी फूलों का नगर मालूम होता है,
रहो तुम साथ तो जंगल भी घर मालूम होता है।

किसी सुंदर ग़ज़ल-सी तुम, ग़ज़ाला सी चकित
आँखें, सरापा जिस्म जैसे गुलमुहर मालूम होता है।

विधाता के हृदय की एक अनुपम कल्पना हो
तुम, तुम्हारा रूप ही जग में सुघर मालूम होता है।

तुम्हारे बिन किसी का साथ भाता ही नहीं मुझको,
सफ़र जीवन का मरघट का सफ़र मालूम होता है।

कोई अनबूझ सी चिंता मुझे हर पल सताती
है, भरे बाज़ार में भी कोई डर मालूम होता है।

65

रुकती जहाँ पे जाकर दारो-रसन की बातें,
बढ़ती वहीं से आगे डोली -दुल्हन की बातें।

आओगे तब कहेंगे कुछ अपने मन की बातें,
सबसे तो कह न सकते दिल की लगन की बातें।

रुकता जहाँ प्रलय है तांडव दिखाके अपना,
होती हैं फिर वहीं से नूतन सृजन की बातें।

हैं जब करीब आतीं तेरी विदा की घड़ियाँ,
हम सोचते उसी पल फिर आगमन की बातें।

कैसे बताऊँ दिल की बेचैनियों का आलम,
यादों में जब घुमड़तीं तेरे मिलन की बातें।

तारे थे, कहकशाँ थी, गुंचे थे, मह था, गुल
थे, होने लगीं अचानक तुझ बाँकपन की बातें।

दारो- रसन- फाँसी और फंदा
क़हकशाँ-आकाशगंगा, गुंचे-कलियाँ, मह-चाँद

66

स्वर्ग की बातें सुनीं और मन को समझाना पड़ा,
दाना-दाना किन्तु चुनकर नर्क से लाना पड़ा।

चाँद-तारे यूँ तो धरती पर कभी उतरे नहीं,
किन्तु बच्चों को इन्हीं किस्सों से समझाना पड़ा।

कशमकश ऐसी कि मन में इक महाभारत छिड़ी,
वक़्त ऐसे भी मिले जब ख़ुद से टकराना पड़ा।

थी क़सम खाई कि उसका मुँह नहीं देखेंगे अब,
क्या बतायें उसके दरवाज़े पे फिर जाना पड़ा।

ग़लतियाँ जब कीं तो कुछ का कुछ बताकर बच
गया, पर अकेले में मिला ख़ुद से तो टकराना पड़ा।

67

कभी यह चार पैसे की कमाई मार देती है,
कभी स्कूल की मँहगी पढ़ाई मार देती है।

करोड़ों नौजवाँ हैं और नौकरियाँ हैं थोड़ी-सी,
फिर उसके बाद होती जगहँसाई मार देती है।

किसी भी मोरचे पर हममें लड़ने की है कूबत
पर, हमें दिन-रात रोटी की लड़ाई मार देती है।

निगाहें भीड़ में अपनों के चेहरे ढूँढती रहतीं,
हमें माँ-बाप-बीबी की जुदाई मार देती है।

इनायत देवताओं की है धनवानों के हिस्से में,
हमें जग के ख़ुदाओं की ख़ुदाई मार देती है।

67

ये दस्तूर तुमको निभाना पड़ेगा,
किसी रोज़ जाना है, जाना पड़ेगा।

सुनानी पड़ेगी व्यथा मौन रहकर,
भरी आँख से मुस्कराना पड़ेगा।

ग़ज़ल प्यार की गुनगुनाई जहाँ पर,
वहीं दर्द का गीत गाना पड़ेगा।

कई रूप धर के अँधेरे मिलेंगे,
तुम्हें दीप बन टिमटिमाना पड़ेगा।

कोई द्वार अपने से खुलता कहाँ है,
तुम्हें बढ़के ख़ुद खटखटाना पड़ेगा।

बहुत ही कठिन व्यूह में ज़िन्दगी है,
हरेक दाँव को आज़माना पड़ेगा।

69

ज़िन्दगी का हरेक पल सुहाना रहा,
मेरे होठों पे हरदम तराना रहा।

साथ चलते रहे तुम तो क्या बात थी,
रंक के हाथ जग का ख़जाना रहा।

पत्रिकाएँ, क़िताबें, तबीयत, ग़ज़ल,
बात करने का ये सब बहाना रहा।

रक़्स करती रही चाँदनी रात भर,
जगमगाता मेरा आशियाना रहा।

चाँद जलता रहा मेरी तक़दीर से,
मेरा घर कहकशाँ का ठिकाना रहा।

तुम तो सच बात कहने का साहस
करो, सत्य के साथ सारा ज़माना रहा।

70

छात्रावास के दिन

किसी के नेह में डूबा हुआ मन याद आता है, ऐ
गोरखपुर ! तेरी गलियों का जीवन याद आता है।

कभी जब बंद कर आँखें, तेरी दुनिया में आ जाता,
तेरे आँचल में बीता एक इक छन याद आता है।

वो ध्यानी योगियों का मठ, वो सुंदर ज्ञान का प्रांगण,
नगर का दिव्य गुरु गोरख का आँगन याद आता है।

कबीरा ने बुनी थी जिस जगह सद्भाव की चादर,
वो गुरुओं का शहर, वो तीर्थ पावन याद आता है।

कलम के इक सिपाही ने लिखा हामिद का अफ़साना,
'गुले-नगमा' के आशिक का वो गुलशन याद आता है।

बड़ों के सामने झुकने से इंसाँ है बड़ा होता, सबक
यह जिस जगह सीखा वो उपवन याद आता है।

जहाँ पर इंक़लाबी गीत और ग़ज़लें लिखीं मैंने,
मशालों और अंगारों का जीवन याद आता है।

वे छात्रावास के दिन स्वर्ग से भी ख़ूबसूरत थे,
ख़ुशी के रंग छलकाता वो मधुबन याद आता है।

वहीं पानी पे हमने अपने मन के राज़ लिक्खे थे,
शरारत से भरा प्यारा लड़कपन याद आता है।

रिझाना-रीझना, हँसना-हँसाना, छेड़ना-छिपना,
मधुर तक़रार, वो अनबन व ठनगन याद आता है।

किसी का दिल चुराने के लिए सौ-सौ जतन करना,
वो कलियों के निकट भौंरों का गुंजन याद आता है।

वो गलियाँ अब भी जिनमें दिल की धड़कन तेज़ हो
जाती, वहाँ खोया कोई अनमोल-सा धन याद आता है।

वो बंजारों-सा पैदल गलियों-गलियों घूमना अक्सर,
फ़ज़ा में प्यार बरसाता वो सावन याद आता है।

वो जितना मुक्त करता, बाँधता है और कस-कस कर,
वो ख़ुशबू का बहुत प्यारा-सा बंधन याद आता है।

जिन्हें ख़ुशहालियाँ कहते हैं, सब हैं पास मेरे पर,
बहुत संपन्न वह जीवन अकिंचन याद आता है।

71

कितने जन्मों, कितनी सदियों से, युगों
से, मैं तुम्हें ही चाहता हूँ मुद्दतों से।

मैंने किस-किस से नहीं पूछा था तुमको,
सिन्धु से, धरती से, जंगल-पर्वतों से।

यह सुना था स्वर्ग में रहती हैं परियाँ
पूछता रहता था तुमको बादलों से।

लोग कहते हैं असर होता दुआ में,
मैं मिला संतों से, सूफी, मुर्शिदों से।

मिल गई हो तुम तो अब मत दूर जाना,
तुम मिली हो हाय! कितनी मुश्किलों से।

72

ये कब अंत:पुरों के रूप का गुणगान करती है,
हमारी लेखनी तो सत्य का संधान करती है।

रवायत जब कभी ज़ंजीर बनकर है जकड़ लेती,
कोई मीरा बगावत का तभी ऐलान करती है।

नदी पर्वत- पिता के घर दुबारा जा नहीं सकती,
यही सब सोचकर रोते हुए प्रस्थान करती है।

बगावत के बिगुल फूँकेगी इक दिन देख लेना तुम,
जो पीढ़ी हर घड़ी अपमान का विषपान करती है।

बुराई हर घड़ी काँटे बिछाती सबकी राहों में,
भलाई दूसरों की मुश्किलें आसान करती है।

73

इक नदी अपनी पूरी रवानी में है,
इक कहानी अभी इस कहानी में है।

तैरती इक परी मछलियों की तरह,
ख़ूबसूरत-सी इक आग पानी में है।

झूठ बोलूँ तो अपनी नज़र में गिरूँ,
और ख़तरा बहुत सच बयानी में है।

नागफनियों का बढ़ने लगा दायरा,
नाग लिपटा हुआ रातरानी में है।

आजकल के मठों में वो दिखती नहीं,
आग जैसी कबीरा की बानी में है।

सत्य को हर समय ही मिली वंचना,
झूठ सीना फुला राजधानी में है।

ठान ले तो ज़माने का रुख मोड़ दे,
इतनी ताक़त भरी नौजवानी में है।

(15-9-2018)

74

डरी हैं बेटियाँ हर पल, गली-घर-राजधानी में,
कोई शैतान आ जाता है परियों की कहानी में।

हमारे देश के बच्चों की आँखों में उदासी है,
बुढ़ापा घेर लेता है, अचानक नौजवानी में।

हमारे अन्नदाता अन्न की ख़ातिर तरसते हैं,
गुज़ारा हो नहीं पाता है अब खेती-किसानी में।

समय का दर्द शब्दों में दहक बनकर अयाँ होता,
नहीं तो तल्खियाँ आती नहीं संतों की बानी में।

किसी दिन यक-ब-यक सबको बसेरा छोड़ना
होगा, कज़ा करती नहीं है फ़र्क़ राजा-रंक-ज्ञानी में।

(2-9-2018)

75

बंद आँखों से बहारों की छटा देखेंगे,
तुम्हारे बाद किसी और को क्या देखेंगे।

चौथ है चाँद को मत देखना कहा सबने,
अब तुम्हें देख लिया, जो भी होगा देखेंगे।

तेरी आँखों, तेरी ज़ुल्फ़ों की कशिश क्या
कहना, कभी क़रीब से हाथों की हिना देखेंगे।

एक मुद्दत से तुम्हें प्यार किया है हमने,
ये है गुनाह तो जो होगी सज़ा देखेंगे।

हमने, तेरे अंदाज़ निराले हैं सुना है
हम किसी रोज़ मिलेंगे तो अदा देखेंगे।

(13-9-2018)

76

वेद की एक पावन ऋचा की तरह,
प्रेम की इक मधुर कल्पना की तरह।

चाँद पूनम का कुछ-कुछ लजाता हुआ,
लग रही तुम किसी अप्सरा की तरह।

चाँद सूरज सितारे चकित हैं सभी,
हो विधाता की नव सर्जना की तरह।

सारे जन्मों का तप ज्यों फलीभूत हो,
एक साकार होती दुआ की तरह।

यह कशिश, यह लताफ़त, ये रानाइयाँ
यह नज़ाकत किसी दिलरुबा की तरह।

(29-10-2019)

77

आधा हिस्सा है आसमानों में,
आधा हिस्सा धँसा खदानों में।

अन्न है ही नहीं, दवा भी नहीं,
और सब कुछ भरा दुकानों में।

जिससे उम्मीद थी शराफ़त की,
उसकी गणना है बदज़बानों में।

कोई आपस में बातचीत नहीं,
मौन पसरा है ख़ानदानों में।

झोपड़ी में सुकून था घर का
नींद आती न इन मकानों में।

गाँव का दर्द जानने निकले,
हुक्मराँ बैठकर विमानों में।

बाढ़ में बह गई फसल सारी,
खेत कुछ बिक गये लगानों में।

(5-9-2018)

78

हुस्न है और क्या-क्या नहीं
है, पर कोई तेरे जैसा नहीं है।

मुद्दतों से निहारा है फिर भी,
तुमको जी भर के देखा नहीं है।

सोच लो पाँव रखने से पहले,
इश्क है यह तमाशा नहीं है।

चाँद है ख़ूबसूरत बहुत पर,
तेरे जैसा वो हँसता नहीं है।

तेरी आँखों में है कोई जादू,
कौन है जो कि भटका नहीं है।

सुख न भायेगा उसको कि
जिसने. दर्द को गुनगुनाया नहीं है।

(1-9-2018)

79

अपने अस्तित्व को मत भुलाया करो,
हर जगह यूँ न मस्तक झुकाया करो।

मन में चुपके से आ ही गये हो अगर,
मेरे ख्वाबों में भी आया-जाया करो।

यह अँधेरा मुझे रास आता नहीं,
चाँद मेरे, ज़रा छत पे आया करो।

साज-श्रृंगार शोभा बढ़ाते नहीं, नूर
से दिल के तुम जगमगाया करो।

प्रेम ईश्वर का अनमोल उपहार है,
गर मिला है, तो इसको निभाया करो

पेड़-पौधे ये धरती के सिंगार हैं,
जितना सम्भव हो इनको सजाया करो।

सिर्फ तन की सफाई ही क़ाफी नहीं,
मन के दरिया में डुबकी लगाया करो

(11-3-2017)

80

तिलिस्मों की कथाओं का नहीं है,
समय अन्धी गुफाओं का नहीं है।

यहाँ गुरुबानियाँ हैं, आयतें हैं,
शहर केवल ऋचाओं का नहीं है।

सुधर जाते हैं बच्चे प्यार से भी,

असर केवल सज़ाओं का नहीं है।

यहाँ रूपा है, झुनिया भी यहीं है,
जहाँ यह अप्सराओं का नहीं है।

कई कारण हैं मंज़िल मिल न पाई,
फक़त यह दोष पाँवों का नहीं है।

(19-9-2017)

81

प्यार मुझसे नहीं है अगर आपको, बात करती हैं क्यों प्रेमिका की तरह,
मेरे ख़्वाबों में अक्सर उतरतीं हैं क्यों गुनगुनाती हुई अप्सरा की तरह।

मेरा हर शब्द लगता है जादू-भरा, मेरी हर बात लगती भली आपको,
मैं नहीं हूँ कन्हैया अगर आपका, मुझसे मिलती हैं क्यों राधिका की तरह।

चाँद-तारों में बस आप ही आप हैं, मैंने फूलों में देखी हँसी आपकी, साधना
के सुफल-सी मिली हैं मुझे, सिद्ध श्रुतियों की पावन ऋचा की तरह।

आप थीं सिन्धु-मंथन से निकली कभी, आप ही के लिये फिर स्वयंवर हुआ,
आप ही को फ़कीरों ने आवाज़ दी, आप ही को सुना प्रार्थना की तरह।

एक दिन भी अगर मिल न पाती ख़बर, बढ़ने लगती हैं क्यों दिल की बेताबियाँ,
मन से मन का अगर कोई नाता नहीं, क्यों तड़पता है पागल हवा की तरह।

आपको चाँदनी में निहारा सदा, भोर की हर किरन में दिखीं आप ही,
कोकिला के स्वरों में सुना आपको, आरती के दिये में शिखा की तरह।

(3-9-2017)

82

एक लय मिल गई, इक तराना मिला,
दोस्त कोई कभी जब पुराना मिला।

एक जन्नत की बिखरी निशानी मिली,
मेरी यादों को फिर आबोदाना मिला।

घर ने चुपचाप मुझसे बहुत बात की,
एक थाती मिली, इक ख़ज़ाना मिला।

एक पल के लिए पास उसके रुका,
एक पल में ही सिमटा ज़माना मिला।

गाँव से गाँव की खूबियाँ खो गईं,
मुझसे जो भी मिला वह सयाना मिला।

इक खुशी खो गयी थी यहीं पर कहीं,
उसको ढूँढा बहुत पर पता ना मिला।

एक चिड़िया की कारीगरी देखिए,
आँधियों में टँगा आशियाना न मिला।

(21-6-2017)

83

ये आँखें छिपाएँ तो कैसे छिपाएँ,
समुन्दर, छलकती घटाएँ। उफनता समुन्दर,

हरेक साँस में तुम ही तुम बस गए
हो, तुम्हें हम भुलाएँ तो कैसे भुलाएँ।

चलो राह जीने की ऐसे निकालें, 'न
तुम याद आओ, न हम याद आएँ'।

वो इक बात जो आजतक अनकही
है, बहुत सोचते हैं कि कैसे बताएँ।

जो इक गीत अब भी अधूरा पड़ा
तुम्हारे बिना किस तरह गुनगुनाएँ।

परिदें हैं उड़ने की फ़ितरत मिली है,
चलो फिर कहीं घोंसला इक बनाएँ।

84

बैग उठाये सारे बच्चे घर से निकले हैं, चह-
चह करते नये परिन्दे घर से निकले हैं।

हर मम्मी ने इन्हें सजाकर टिफिन सजा दी
है, पप्पी देकर हाथ हिलाते घर से निकले हैं।

चन्दा मामा, खेल-खिलौने पीछे छूट रहे,
प्यारे से मासूम फरिश्ते घर से निकले हैं।

नाजुक कन्धों पर सपनों के बोझ उठाने हैं, कुछ
चुप-चुप, कुछ रोते-हँसते घर से निकले हैं।

कितने हैं आज़ाद, भगत, गाँधी, सुभाष इनमें,
लेकर कुछ अनबूझ इरादे घर से निकले हैं।

(1-6-2017)

85

फक़ीरों वाली फ़ितरत है कहीं रुकना नहीं आता,
किसी के मुफ्त में हो जाते हैं बिकना नहीं आता।

ये आर्टीफीसियल सम्बन्ध बस होते हैं मतलब के,
जो रिश्ते प्लास्टिक के हैं, उन्हें टिकना नही आता।

खुली आँखों से मैंने एक दिन देखा था इक सपना,
फिर उसके बाद मुझको दूसरा सपना नहीं आता।

हम ऐसे मस्तमौला हैं कि अपने ग़म में हँस लेते,
हो कोई दूसरा ग़मगीन तो हँसना नहीं आता।

कोई भी चोट खाकर हम समूची उम्र जी लेंगे,
किसी की बात लग जाए तो फिर जीना नहीं आता।

(3-6-2017)

86

फूल, खुशबू, तितलियाँ अब भी हैं मेरे गाँव
में, नेह की पुरवाइयाँ अब भी हैं मेरे गाँव में

अब भी फागुन झूम कर आता है बौराया हुआ,
बहुत सारी भाभियाँ अब भी हैं मेरे गाँव में।

हैं जई अब भी उगाती दशहरा आता है जब,
कई बहनें-दीदियाँ अब भी हैं मेरे गाँव में।

आपदा-विपदा को भी सब बाँट लेते हैं यहाँ,
दर्द सँग खुशहालियाँ अब भी हैं मेरे गाँव में।

हैं अभी गाते कबीरा और मीरा के भजन,
रस-भरी चौपाइयाँ अब भी हैं मेरे गाँव में।

अब भी अक्सर डाकिया आता है सौगातें लिये,
ढेर सारी चिठ्ठियाँ अब भी हैं मेरे गाँव में

अहद पर अब भी हैं मरते, पाप से डरते हैं लोग,
अनगिनत अच्छाइयाँ अब भी हैं मेरे गाँव में।

डाकुओं-चोरों को मिल-जुलकर भगा देते हैं
लोग, तेग-बर्धी, लाठियाँ अब भी हैं मेरे गाँव में।

अब भी किस्से, लोरियाँ सुनते हैं बच्चे शाम
को, घरों में अँगनाइयाँ अब भी हैं मेरे गाँव में।

(10-11-2014)

87

मुझको जिसके ग़मों ने रचा है,
कैसे कह दूँ कि वह बेवफ़ा है।

हर घड़ी दर्द, हर पल खुशी है,
प्यार इसके सिवा और क्या है।

कोई अपना ही है मेरा दुश्मन,
ग़ैर में यह कहाँ हौसला है।

लाख समझाओ सुनता नहीं
यह, मेरा मन भी बड़ा बावरा

वो रहमदिल कोई और होगा,
मेरा क़ातिल कोई दूसरा है।

दरअसल है वो ज़ालिम लुटेरा,
देखने में जो इतना भला है।

(13-8-2016)

88

वो हरपल कह रही पर मेरे भाई क्यों नहीं सुनते,
नदी की बेबसी, उसकी दुहाई क्यों नहीं सुनते।

समूचे विश्व की सारी ख़बर तो देख-सुन लेते,
नदी गर माँ है, तो माँ की रुलाई क्यों नहीं सुनते।

नदी के नाम पर कितने अरब खाए सपूतों ने, कहीं
दिखती नहीं फिर भी सफाई, क्यों नहीं सुनते।

नदी की दास्ताँ किस्से-कहानी तक न रह जाए,
बहुत फिर याद आएगी जुदाई क्यों नहीं सुनते।

वो दिन नज़्दीक हैं जब जंग पानी के लिये होगी,
लुटेगी पानी पर सारी कमाई क्यों नहीं सुनते।

(10-8-2016)

89

ऐसा ही तो जहाँ था, तुझे देखने से पहले,
इतना हसीं कहाँ था, तुझे देखने से पहले।

घर में बदल रहा है चुपचाप हर नज़ारा, अब
तक तो बस मकाँ था, तुझे देखने से पहले।

दुल्हन-सी लग रही है यह क़ायनात सारी,
ऐसा समाँ कहाँ था, तुझे देखने से पहले।

ये चाँद, ये सितारे, कब से गगन में थे पर,
ऐसा न आसमाँ था, तुझे देखने से पहले।

खुशरंग हैं फ़ज़ाएँ, रुत गुनगुना रही है,
कब वक्त मेहरबाँ था, तुझे देखने से पहले।

(22-10-2016)

90

बताऊँ क्या कि तेरे पास में क्या छूट गया, मैं
थोड़ा लौट के आया औ' थोड़ा छूट गया।

ये एक जिस्म है जो साथ में चला आया,
वो एक दिल था ज़रा बावरा-सा छूट गया।

ज़रा तलाश के फुरसत में कभी बतलाना,
जो मेरे पास ख़ज़ाना था, सारा छूट गया।

बड़े हसीन है मंज़र तुम्हारी दुनिया के,
नज़र तो साथ है लेकिन नज़ारा छूट गया।

एक तस्वीर है रह-रह के झलक जाती है,
मगर निगाह का जो आसरा था छूट गया।

(14-4-2016)

91

समुंदर है अगम लेकिन किनारा ढूँढ लेंगे हम,
उम्मीदों के मुसाफिर हैं उजाला ढूँढ लेंगे हम।

इन्हीं बीरानियों में ख़ूबसूरत वादियाँ भी हैं, अगर
हसरत है तो दिलकश नज़ारा ढूँढ लेंगे हम।

इन्हीं पत्थर के शहरों में बहुत-से दिल धड़कते
हैं, तुम्हारी गंध से ही घर तुम्हारा ढूँढ लेंगे हम।

ये माना है नहीं आसाँ किसी भी लक्ष्य को पाना,
रहो तुम साथ तो अपना सितारा ढूँढ लेंगे हम।

(17-4-2016)

92

तीज, पिड़िया, राखियों, शहनाइयों का प्रश्न है,
क़त्ल होती, भय में जीती बेटियों का प्रश्न है।

प्रश्न है कचरे में जीवन ढूँढते बच्चों का भी,
हर तरह असहाय बूढ़ी लाठियों का प्रश्न है।

जंगलों, नदियों, पहाड़ों के निधन का प्रश्न है ही,
अपने घर में पिट रहे वनवासियों का प्रश्न है।

कुछ घरों में भले पिज्जा बर्गरों का दौर हो,
गाँव-गलियों में अभी भी रोटियों का प्रश्न है।

सिर्फ़ शब्दों तक सिमटकर रह गयी संवेदना,
गुम रहे पशु-पक्षियों का, बोलियों का प्रश्न है।

(20-4-2016)

93

कंगन-चूड़ी की खन-खन और चंदन की खुशबू आती है,
झाँक रही खिड़की से अक्सर दुल्हन की खुशबू आती है।

कुछ घूँघट में, खुली हुई कुछ, सुन्दरता का क्या कहना,
भरी-पुरी उसकी काया से उबटन का खुशबू आती है।

पूजा, भजन, आरती, सोहर, लोरी के स्वर आते रहते.
घूप, अगरबत्ती वाले उस आँगन की खुशबू आती है।

झूले-कजरी वाले सारे गाँव बड़े मोहक लगते हैं,
तपती माटी पर बूँदों से सावन की खुशबू आती है।

मह-मह करता जब बसंत आता है अपनी मादकता ले.
महुआ आम और जामुन से मधुबन की खुशबू आती है।

(5-7-2016)

94

अजनबी को अगर देखें तो अक्सर मुँह छिपाते हैं,
झिझकते, झाँकते हैं, ताकते हैं औ लजाते हैं।

किसी दर्पण-सा ही व्यवहार करते हैं ये बच्चे भी,
अगर हम मुस्कराते हैं तो ये भी मुस्कराते हैं।

कभी नज़दीक जाओ तो ये तुमसे दूर भागेंगे,
अगर जाने लगो तो फिर पलटकर ये बुलाते हैं।

न जाने कौन दुलराता है इनको ख्वाब में आकर,
ये अक्सर नींद में भी मुस्कराते खिलखिलाते हैं।

यशोदा ने कहा कान्हाँ से क्यों माखन चुराते हो ?,
कहा कान्हाँ ने हँसकर हम तो सबका दिल चुराते हैं।

सिपाही ने सुदामा ने कहा बस, अब खिसक लो तुम,
तुम्हारे जैसे बड़बोले, यहाँ हर रोज़ आते हैं।

हमारे युग की राधा को न भाते गाय और बछड़े,
उसे अब चमचमाती कार और बँगले लुभाते हैं।

घनी छाया, परिन्दों फूल-फल की कामना करते,
कभी जब नीम, पीपल या अमोला हम लगाते हैं।

(18-6-2017)

95

कभी राहें बिसर जातीं, कभी घर भूल जाता हूँ,
बुरा मत मानना, मैं नाम अक्सर भूल जाता हूँ।

हमेशा प्यास लहरों ने बुझाई है समुन्दर की,
मैं क़तरा याद रखता हूँ समुन्दर भूल जाता हूँ।

बहुत सुन्दर हैं ये मंज़र नज़ारे खूब हैं लेकिन,
मैं भीतर झाँकता हूँ जब तो बाहर भूल जाता हूँ।

कभी जब प्यार से माँ सर पे मेरे हाथ रख देती,
कढ़ाईदार वो रेशम की चादर भूल जाता हूँ।

हमेशा कर्म से बनती है क़िस्मत है पता मुझको,
मैं अपना काम करता हूँ मुकद्दर भूल जाता हूँ।

(23-5-2016)

96

फ़ज़ा हँसती है, मंज़र बोलता है.
हुनर गर हो तो पत्थर बोलता है।

सफ़र से लौटकर आता हूँ जब भी,
बहुत कुछ मुझसे ये घर बोलता है।

हम्हीं सुनते नहीं हैं बात उसकी,
समय हर पल निरंतर बोलता है।

निगाहें कुछ छिपा पाती नहीं हैं,
नज़र का अक्षर-अक्षर बोलता है।

न जाने कैसा हाहाकार है ये,
न जाने क्या समुन्दर बोलता है।

ये आईना भी बच्चों की तरह है,
हँसो तो यह भी हँसकर बोलता है।

(15-3-2014)

97

हसीं ख़्वाबों को अक्सर रूप हम साकार देते हैं,
कभी मिट्टी, कभी पत्थर को गढ़ आकार देते हैं।

कभी हम मोम पिघलाते, कभी गढ़ते हैं लकड़ी को,
हमें भी प्यार मिलता है, अगर हम प्यार देते हैं।

तपा देती है सोने को, पका देती है रोटी को,
हमेशा आग को ही दोष हम बेकार देते हैं।

ये तूफ़ाँ ज़िन्दगी में सिर्फ़ मुश्किल ही नहीं लाते,
हमारे हौसलों को ये नई रफ़्तार देते हैं।

बहुत ज़्यादा नमी हो तो भी पौधे सूख जाते हैं,
अधिक साधन नई संभावना को मार देते हैं।

किसानों को, मजूरों को, कोई कमज़ोर न समझे,
किसी भी शक्ति को, जब ठान लें, ललकार देते हैं।

(12-7-2021)

98

तिनके-तिनके हमेशा जुटाती रही,
एक घर अपने मन में बनाती रही।

दूध और भात हर दिन कहाँ था सुलभ,
किन्तु माँ चन्दा मामा बुलाती रही।

नेह का एक सागर उफनता रहा,
सब पे हर वक्त ममता लुटाती रही।

बर्तनों में कई बार ठनगन हुई,
फिर भी माँ घर में चूल्हा जलाती रही।

आँधिया तेज़ आईं बहुत बार पर,
हौसले वह दियों के बढ़ाती रही।

फीस कपड़े क़िताबें कलम- कापियाँ,
कैसे-कैसे कहाँ से जुटाती रही।

वक्त ने राह रोकी कई बार पर,
वो तो माँ थी जो पहिया घुमाती रही।

मुश्किलों ने भी कम आज़माया नहीं,
दर्द मन में लिए मुस्कराती रही।

कोई भूखा कभी दर से लौटा नहीं,
कैसे-कैसे सभी को खिलाती रही।

घर को मंदिर का आकार उसने दिया,
देवता-देवियों को को मनाती रही।

गाँव से मेरे सरयू बहुत दूर है,
रोज़ पैदल ही जाकर नहाती रही।

(14-7-2021)

99

मरा हर रोज़, पर हर हाल में जीना नहीं छोड़ा,
तुम्हारे वास्ते मैंने, मगर क्या-क्या नहीं छोड़ा !

परख इंसान की होती है अक्सर दो ही मौकों पर,
कहाँ छोड़ी न ख़ुद्दारी, कहाँ झुकना नहीं छोड़ा।

शजर ने पत्थरों की मार खाई हर बरस लेकिन,
कभी छाया नहीं छोड़ी, कभी फलना नहीं छोड़ा।

थके थे पाँव, मंज़िल दूर थी, राहें थीं पथरीली,
बचन ख़ुद को दिया था, इसलिए चलना नहीं छोड़ा।

शिकारी हैं, क़फ़स हैं, जाल हैं, मक्कारियाँ भी हैं,
परिन्दों ने कभी उड़ना, कभी गाना नहीं छोड़ा।

किसी के सुख में,उत्सव में भी मैं शामिल हुआ लेकिन,
ग़मों ने एक पल को भी मेरा पीछा नहीं छोड़ा।

बहुत ख़ामोश रहने की मेरी आदत सी है लेकिन,
अकेले में तेरी यादों से बतियाना नहीं छोड़ा।

(18-6-2021)

100

चाँद-सा रूप दुनिया से न्यारा लगे,
सिन्धु मंथन सुधा से पखारा लगे।

मीन खंजन हिरन से तुम्हारे नयन,
मुख तुम्हारा कमल से भी प्यारा लगे।

रात में कुछ सितारों को कहते सुना,
यह विधाता के हाथों सँवारा लगे।

देखकर तुमको फूलों ने की ग़ुफ़्तगू,
हुस्न यह आसमाँ से उतारा लगे।

जब से तुम आके रहने लगे हो यहाँ,
यह शहर मुझको जन्नत से प्यारा लगे।

नाव मझधार में थी फँसी देर से,
तुम मिले तो निकट ही किनारा लगे।

(13-5-2017)

101

चाँद-सा रूप यह सलोना है,
दमका-दमका-सा जैसे सोना है।

जबसे देखा है ख़ुद को भूल गया,
तेरी आँखों में जादू-टोना है।

जानता हूँ ये राह है मुश्किल,
तुमको पाना है, ख़ुद को खोना है।

प्यार लम्हों का, दर्द जन्मों का,
'आओ हँस लें कि फिर तो रोना है।'

प्यार की उम्र ओस के मोती.
टूट जाना है फिर पिरोना है।

(7-10-2017)

102

लहू जब बेचता है तब कहीं वह घर चलाता है,
दुखी हैं आज वे करघे जिन्हें बुनकर चलाता है।

हुई हर चीज़ मँहगी तब कहा होरी से धनिया ने,
पता करते कि कैसे अपना घर 'गोबर' चलाता है।

फँसी है ज़िन्दगी की बैलगाड़ी विकट दलदल में,
बड़ी मुश्किल से घर-परिवार अब खेतिहर चलाता है।

सदा गैरों के दरवाज़े पे उसका बीतता है दिन,
चलाता था कभी हल आजकल ट्रैक्टर चलाता है।

बना है सिर्फ़ शीशे का जो अपने पाँव से सिर तक,
हमेशा दूसरों के घर पे वह पत्थर चलाता है।

निशाना दिल पे ही उसका सदा लगता है आ-आकर,
मेरी जानिब वो अपने तीर हन-हनकर चलाता है।

103

जो हैं ग़मगीन उनको मैं हँसाने की जुगत में हूँ,
नई इक वर्णमाला मैं बनाने की जुगत में हूँ।

जो सबकी पीठ पर चढ़कर बहुत ऊँचे हुए जाते,
मैं धोबीपाट से उनको गिराने की जुगत में हूँ।

बिछाते जाल आए आज तक शातिर शिकारी जो,
उन्हीं के जाल में उनको फँसाने की जुगत में हूँ।

ये लुक-छुप कर लड़ाई जब मुझे अच्छी नहीं लगती,
मैं खुलकर सामने से आज़माने की जुगत में हूँ।

अभी तक जंगलों, गाँवों में वे हाँका लगाते थे,
समर का मैं मगर डंका बजाने की जुगत में हूँ।

104

हथौड़ा और निहाई हो गया है,
समय निष्ठुर कसाई हो गया है।

भरोसा ग़ैर पर कैसे करें जब,
विभीषण अपना भाई हो गया है।

हमारे देश का क़ानून अब तो,
खदेरू की लुगाई हो गया है।

वो गुण्डा चल रहा सीना फुलाकर,
हुक़ूमत का जमाई हो गया है।

मिलेगा काम-धन्धा हर किसी को,
ये दावा फिर हवाई हो गया है।

105

क्या बतलाऊँ मुझको क्या-क्या होता है,
तुझसे मिलकर खुद से मिलना होता है।

इश्क़ की दुनिया फूलों जैसी लगती पर।
मद्धम-मद्धम आग में जलना होता है।

हर पल लिपटा रहता है खुशियों में ग़म,
हर पल जीना हर पल मरना होता है।

तुमसे दो पल बातें करने का मतलब,
दिल के अरमानों का खिलना होता है।

ख़्वाबों में इक ख़ुशबू मिलने आती है,
कोई परदा झीना-झीना होता है।

106

बारूद के, आरी के कुल्हाड़ी के साथ हैं,
जंगल के कई लोग शिकारी के साथ हैं।

कुछ को तो परिस्थिति ने जमूरा बना दिया,
कुछ लोग तो ख़ुशी से मदारी के साथ हैं।

वे लोग राजपथ के नज़ारों में खो गए,
कहते थे जो मुफ़्लिस के, भिखारी के साथ हैं।

ऐसी हवा चली कि जो जनता के साथ थे,
मुल्ला के साथ हैं या पुजारी के साथ हैं।

कुछ लोग आज भी हैं घनानंद की तरह,
कुछ लोग तो केशव या बिहारी के साथ हैं।

107

पिघलकर मोम बनना चाहता हूँ,
तेरे साँचे में ढलना चाहता हूँ।

बँधा हूँ खुद की ढाली बेड़ियों में ,
मैं इन सबसे निकलना चाहता हूँ।

समय की गर्द ने धुँधला दिया है ,
ज़रा तपकर निखरना चाहता हूँ।

सतह पर तैरता आया हूँ अब तक ,
अतल में अब उतरना चाहता हूँ।

ये अब रहने के क़ाबिल ही नहीं है,
मैं इस घर को बदलना चाहता हूँ।

108

ज़िन्दगी से जूझता ईमान का दामन मिला,
ज़ख़्म खाया तन मिला और तिलमिलाया मन मिला।

होटलों की प्लेट में तक़दीर अपनी खोजता,
बेवजह पिटता हुआ मनहूस-सा बचपन मिला।

चिलचिलाती दोपहर में कँपकपाती रात में,
बैल-घोड़ों सा जुता इंसान का जीवन मिला।

ऊँघती ढिबरी की लौ में डबडबाई आँख ले,
हाथ रखे पेट पर मज़दूर का आँगन मिला।

कोठियों के पाँव धोता बरगदों को सींचता,
झोपड़ी पर कहर बरपाता हुआ सावन मिला।

श्वेत आदमखोर भालू-भेड़िये रहते जहाँ,
राजधानी में चमकते पत्थरों का वन मिला।

मौत दिल्ली में हुई तो देश की माँ मर गयी,
लोग लाखों जब मरे तो सिर्फ़ आश्वासन मिला।

(1984)

109

ये न पूछो कि उम्र किस तरह गुज़ारी है,
आग पे पाँव हैं, गर्दन पे लगी आरी है।

अपने साये में लुटेरों को शरण देती है,
रोशनी की ये अँधेरों से कैसी यारी है।

प्यार की आग तो दिल में है सुलगती लेकिन,
पेट की आग से वह बार-बार हारी है।

कल थीं इस ठौर मजूरों की कई झोपड़ियाँ,
आज जिस जगह खड़ी सेठ की अटारी है।

(1985)

110

बन्द होठों की कभी बेबसी नहीं समझा,
हमारी ज़िन्दगी को ज़िन्दगी नहीं समझा।

कभी देवी कभी परी कभी दासी समझा,
कभी किसी ने हमें आदमी नहीं समझा।

जली हैं रोज अँधेरों में दीप की लौ-सी,
मगर किसी ने हमें रोशनी नहीं समझा।

कभी माया कभी बन्धन कभी अधम माना,
कभी किसी ने हमें चाँदनी नहीं समझा।

उठो कि आग दिलों की जले मशालों में,
तीर की चोट शिकारी कभी नहीं समझा।

(1985)

111

तूने लिक्खे मीन खंजन कमल से प्यारे नयन,
हमने देखे हैं हज़ारों दर्द के मारे नयन।

तीर चलने भी न पाते टूट जातीं डोरियाँ,
हो गये हैं आज ऐसे विवश बेचारे नयन।

चार पैसे चार दाने चार रोटी के लिए,
दर-ब-दर दिन भर भटकते हैं ये बंजारे नयन।

आँसुओं में डूब जाती हैं हमारी बस्तियाँ,
जब बरस जाते हैं बेमौसम ही दुखियारे नयन।

उनके बारे में बतायें आप की क्या राय है,
कोठियों से झाँकते हैं जो थके-हारे नयन।

जब कभी उजड़ा नशेमन जब कहर बरपा हुआ,
तब दहक उट्ठे हैं बनकर सुर्ख अंगारे नयन।

112

उम्मीदों भरी ज़िन्दगी के लिए है,
मेरी शायरी रोशनी के लिए है।

नहीं है फ़क़त यह अमीरों की ख़ातिर,
ये दुनिया हरेक आदमी के लिए है।

यक़ी उनकी बातों पे कैसे करें हम,
क़सम जिनकी केवल ठगी के लिए है।

नदी का ख़ज़ाना है सबके लिए पर,
पहाड़ों की करुणा नदी के लिए है।

ये सूरज ये चन्दा ये पर्वत ये नदियाँ,
ये जंगल सभी की ख़ुशी के लिए है।

सभी के लिए है जगह दिल में लेकिन,
ये दिल तो किसी अजनबी के लिए है।

बचाकर बचोगे मिटाकर मिटोगे,
ये सन्देश अपनी सदी के लिए है।

113

बारूद के बिस्तर पर, अंगार की बातें हैं,
फूलों की ज़बाँ पर भी, तक़रार की बातें हैं।

ये ज़हर के सौदागर विष वमन किया करते,
दुनिया को दिखाने को, सब प्यार की बाते हैं।

सारी ही उँगलियों में हीरे की अँगूठी है,
दिन-रात ग़रीबी पर, सरकार की बातें हैं।

सोने के हिरन जब भी, सीता को लुभाते हैं,
तब राम भ्रमित होते, संहार की बातें हैं।

कुछ दिव्य नज़र वाले, बैठे जो संन्यासी,
कपटी हैं, दिलों में तो, परिवार की बातें हैं।

दायित्व समझते कुछ, कुछ काम भी तो करते,
हर वक्त तेरे लब पर, अधिकार की बातें हैं।

ये प्यार के पल दो पल, जीवन की कमाई हैं,
ये महल-अटारी सब, बेकार की बातें हैं।

114

मशक्कत भरी इक मुकम्मल सज़ा है,
तुम्हारे बिना ज़िन्दगी और क्या है।

जिन्हें लुत्फ़ आता है ज़ुल्मो-सितम में,
वही पूछते हैं तुम्हें क्या हुआ है।

तुम्हें जब से देखा है सब बदला-बदला,
ये सारा जहाँ तब से लगता नया है।

उसे कहकशाँ चाँद कैसे कहूँ मैं,
वो सबसे हसीं है, वो सबसे जुदा है।

तुम्हारी तरह शक्ल लगती है कुछ-कुछ,
यहाँ झील में इक कमल जो खिला है।

उधर वो भी चुप है इधर हम भी चुप हैं,
मगर गुफ़्तगू का अजब सिलसिला है।

115

गरज़ होती है तो हर आदमी से मिलना होता है
मशीनी ज़िन्दगी मे कब किसी से मिलना होता है

हमेशा सारी खुशियाँ सिर्फ़ छूकर हैं निकल जातीं
कहाँ जी भर के अपनी ज़िन्दगी से मिलना होता है

न सम्बन्धों की गर्माहट, न आँखों में चमक कोई
सगे लोगों से मिलना, अजनबी से मिलना होता है

ज़रूरत ही हमें अक्सर कहीं पर ले के जाती है
किसी से कब यहाँ अपनी ख़ुशी से मिलना होता है

कई चेहरे लगाये लोग मिलते हैं हमेशा ही
दिखावे के बिना कब सादगी से मिलना होता है

116

राहबर की शक्ल में इक राहज़न आता रहा,
स्वर्ग के सपने दिखाकर सबको भरमाता रहा।

इस अजब बहुरूपिये के पैंतरों के क्या कहें,
झोपड़ी वालों को अक्सर चाँद दिखलाता रहा।

एक क़ातिल ने दिखाई इस तरह जादूगरी,
चोट खाया आदमी चुपचाप मुस्काता रहा।

इस कलाकारी से उसने सुख का बँटवारा किया,
लाभ का हिस्सा सदा अपनों के घर जाता रहा।

सारे अभिनेता अचानक मंच से ग़ायब हुए,
एक खलनायक हरेक नायक पे गुर्राता रहा।

काटकर पर्वत बनाया रास्ता उस शख़्स ने,
जो हथौड़े रात-दिन पत्थर पे बरसाता रहा।

117

कुछ सूखे हुए फूल किताबों में छिपाकर,
रखा है तेरी याद को यूँ हमने बचाकर।

देखा तुम्हारा रूप तो ऐसा लगा कि ज्यों,
निकला हो कमल झील के पानी से नहाकर।

मुझको है अब भी याद तुझसे पहली मुलाकात,
गुमसुम सी तुम खड़ी थी कुछ सिमटी सी लजाकर।

लगता है कहीं छिप के तू बैठी है आस-पास,
लाती है हवा जब तेरी ख़ुशबू को उड़ाकर।

इक प्यार का घर हमने बनाया है इस तरह,
आकाश की छत मेघ की दीवार उठाकर।

जब देखता हूँ फूल पर अटकी हुई शबनम,
लगता है ज्यों किसी ने रुलाया है हँसाकर।

अब भी वही गगन है, वही रात, व तारे,
पर कोई ले गया है मेरा चाँद चुराकर।

यूँ तो ख़याले इश्क में अब ग़म है कसक है,
फिर भी न जी सकेंगे उन यादों को भुलाकर।
(1991)

118

सुबह से शाम तक जीवन की परतें खोलते तो हैं,
जिन्हें हम सुन नहीं पाते हैं वह भी बोलते तो हैं।

जिसे चलना नहीं आया, न सीखा बोलना जिसने,
पर उसके बोल कानों में शहद-सा घोलते तो हैं।

गगन का चाँद ललचाई नज़र से देखता तुझको,
इशारे पर सितारे आगे-पीछे डोलते तो हैं।

तेरे होठों पे तो ख़ामोशियों का सख़्त पहरा है,
ये तेरे नैन लेकिन मन की बातें बोलते तो हैं।

शिकारी की नज़र में यूँ तो सारा आसमाँ है पर,
परिन्दे आज भी परवाज़ को पर तोलते तो हैं।

119

है हर अदा गजब की, जादूगर की तरह हैं,
पत्थर रहे हैं आज भी पत्थर की तरह हैं।

भूमण्डलीकरण व विश्वग्राम जैसे शब्द,
सोने के चमकते हुए ख़ंज़र की तरह हैं।

नदियाँ तमाम पीके भी प्यासे हैं आज तक,
कुछ लोग आचरण में समुन्दर की तरह हैं।

तुम कुछ न कहो फिर भी झलकती है हरेक बात ,
डोरे तुम्हारी आँख के अक्षर की तरह हैं।

कोहराम मचा देती है अपने पे जब आती,
जनता ये तलातुम या बवंडर की तरह है।

120

पहले तो हमारी दुनिया को वीरान बनाया जाएगा,
फिर धीरे-धीरे चारो तरफ़ हथियार उगाया जाएगा।

दुनिया के ग़रीबों को हक़ है जीना है तो कीड़े बन के जियें ,
धनवानों का बलवानों का साम्राज्य सजाया जाएगा।

दादी की कथा परियों वाली बच्चों के ज़ेह्न से चुन-चुन कर ,
किस तरह से डॉलर मिलता है यह पाठ पढ़ाया जाएगा।

केसर की क्यारियाँ दहक रहीं, रह-रह के सुलग उठते जंगल ,
मासूम चहकते फूलों को बारूद बनाया जाएगा।

ये चाँद-सितारे, फूल-कली, सावन की घटाएँ, इंद्रधनुष ,
मुझसे न अकेले तेरे बिना रिमझिम में नहाया जाएगा।

आ जाओ कि आम की डाली पर कब से इक कोयल बोल रही ,
दिन दूर नहीं इस पगली पर प्रतिबंध लगाया जाएगा।

121

क्या-क्या नहीं किया है तुझे ज़िन्दगी समझकर,
हर फूल को सराहा तेरी हँसी समझकर।

मेरी मुफ़लिसी ने मुझको बेरंग कर दिया था,
जग ने उसे सराहा मेरी सादगी समझकर।

दिल चीख़ता रहा पर लब पर लगे थे ताले,
तुम भी चली गई थी मेरी ख़ामुशी समझकर।

मैं तुम्हारी जुस्तजू में भटका किया जनम भर,
एक बार आ भी जाओ मेरी बेबसी समझकर।

122

गिरने वाले धूल झाड़कर पुनः खड़े हो जाते हैं,
उम्मीदें गर हों तो सूखे पेड़ हरे हो जाते हैं।

सहसा करके अक़्ल की बातें हैं हमको चौंका देते,
पता नहीं चलता बच्चे किस रोज़ बड़े हो जाते हैं।

वोट माँगने जब आते तो चलते बिना गार्ड के ये,
बाद में किससे डरते, इतने क्यों पहरे हो जाते हैं।

पहले जनता की तक़लीफ़ें जो सबसे कहते-सुनते,
राजधानियों में जाकर वे क्यों बहरे हो जाते हैं।

कभी आपने खरगोशों को भालू बनते देखा है,
कुछ इंसानों के कैसे इतने चेहरे हो जाते हैं।

123

कभी आँखों-आँखों में हँसकर दिखाया,
कभी उसने बाँहों में कसकर दिखाया।

कहा दोस्त होते हैं कैसे, तो कुछ दिन,
रहा साथ फिर उसने डसकर दिखाया।

धरा ने उसे प्यार से जब पुकारा,
तो बादल ने उसको बरसकर दिखाया।

कहा फूल झरते हैं कैसे लबों से,
तो देखा मुझे और हँसकर दिखाया।

शजर वो ही ऊँचा उठा आसमाँ तक,
अतल धार तक जिसने धँसकर दिखाया।

124

जो गोताखोर हैं वे तो सदा गुमनाम होते हैं,
पसीना वे बहाते हैं बड़ों के नाम होते हैं।

इधर मचती तबाही है, इधर कोहराम होता है,
मगर दिल्ली के हाथों में छलकते जाम होते हैं।

नई तहज़ीब वालों को समझना है नहीं आसाँ,
बग़ल में छूरियाँ होती हैं, मुँह में राम होते हैं।

दिखावा है तो मंदिर में भटकना व्यर्थ जाता है,
जहाँ पर प्रेम होता है, वहीं घनश्याम होते हैं।

तुम्हारा मौन भी मुझसे मुखर सम्वाद करता है,
तुम्हारी हर नज़र में कुछ नए पैग़ाम होते हैं।

125

चुप ही रहते तो बात बन जाती,
सिर्फ़ सहते तो बात बन जाती।

चुभ गया सच ज़ुबाँ खुली ज्यों ही,
कुछ न कहते तो बात बन जाती।

सर उठाते ही सर फिरा उनका,
पाँव गहते तो बात बन जाती।

वक़्त की धार जिस तरफ थी रवाँ,
वैसे बहते तो बात बन जाती।

126

कोई दौलत से घर भर रहा है,
हर तरफ़ भूख-डर भर रहा है।

पक्षियों में मची खलबली है,
आशियाँ में ज़हर भर रहा है।

शोर है और ख़ामोशियाँ भी,
एक भय हर पहर भर रहा है।

जंगलों में अजब सनसनी है,
जंगलों में शहर भर रहा है।

पीढ़ियाँ स्वार्थी हो रही हैं,
किस तरह का हुनर भर रहा है।

127

डरते-डरते दिन बीता फिर सहमी सहमी शाम हुई,
एक झोंपड़ी की इज़्ज़त कुछ सिक्कों पर नीलाम हुई।

दबे पाँव से भीतर घुसकर बाज झपट्टा मार गया,
एक और चिड़िया की उड़ने की कोशिश नाकाम हुई।

थाने में है चहल-पहल मुर्ग़ा-शराब की दावत है,
बुधिया के गायब होने की जब से चर्चा आम हुई।

खुसुर-फुसुर फिर आज हो रही मालिक के घर के पीछे,
भौंक रहे आवारा कुत्ते सबकी नींद हराम हुई।

आज कहर किस पर टूटेगा सोच रहे सब लोग यही,
चन्द भेड़ियों के कारण पूरी बस्ती बदनाम हुई।
(1986)

128

पथ में पत्थर हैं शूल हैं साथी,
फिर भी चलना क़ुबूल है साथी।

उनके बच्चे हैं पावडर की तरह,
अपने बच्चे तो धूल हैं साथी।

देश को जो मिला है तोहफ़े में,
एक काग़ज का फूल है साथी।

साँप को रस्सियाँ समझते हो,
इक ख़तरनाक भूल है साथी।

उसकी कॉलर पकड़ सको तो चलो,
बात करना फिज़ूल है साथी।

129

कुल मिलाकर आज तक इतना किया है आपने,
जोंक बनकर ख़ून लोगों का पिया है आपने।

भुखमरी औ जेल लाठी-गोलियों को छोड़कर,
देश के मेहनतकशों को क्या दिया है आपने।

एक आश्वासन-भरी झोली थमा करके हमें,
लूटने का हक़ हमीं से ले लिया है आपने।

ठंड रातों में ठिठुरते तन से कपड़े छीनकर,
कोठियों की सेज मख़मल से सिया है आपने।

दिल पे रखके हाथ अपने आपसे यह पूछिये,
एक पल औरों की ख़ातिर भी जिया है आपने?
(1986)

130

चाँद-तारों से भरी रात भली लगती है,
भरा हो पेट तो हर बात भली लगती है।

घर में यदि चाय हो चीनी हो दाल-आटा हो,
दोस्त-यारों से मुलाकात भली लगती है।

दर्द में प्यार के दो बोल भले लगते हैं,
प्यार में दर्द की सौगात भली लगती है।

जिनकी आँखों पे लगे होते हैं हसीं चश्मे,
उन्हें तो सारी कायनात भली लगती है।

ज़िन्दगी जुल्म के साये में कट रही हो तो,
जंग भाती है हवालात भली लगती है।

131

परों को बाँध कर उड़ने की बात की उसने,
भरी थी आँख और हँसने की बात की उसने।

कहा की मुझसे जुदा होके दिखाओ मुझको,
ज़हर को चख के परखने की बात की उसने।

शर्त ये थी कि कभी आह न निकले दिल से,
यूँ ही चुपचाप तड़पने की बात की उसने।

जगह नहीं थी एक झोंपड़ी बनाने की,
तो चलके चाँद पे बसने की बात की उसने।

132

मैं छल-फ़रेब के रस्ते पर चल नहीं पाता,
कमी ये है कि हर साँचे में ढल नहीं पाता।

तेरी निगाह से गिरकर तो बच भी सकता था,
नज़र से अपनी मैं गिरकर सम्भल नहीं पाता।

वो ज्वार सीने में रह-रह के कसमसाता है,
उबल-उबल के जो बाहर निकल नहीं पाता।

किसी को फल ही फल है बैठे बिठाए मिलता,
किसी को कर्म का जीते जी फल नहीं मिलता।

यहाँ पे प्रश्न हैं ज़्यादा जवाब गायब हैं,
कई सवाल हैं जिनके मैं हल नहीं पाता।

133

कुछ जगत को बाँचने में, कुछ किताबों में कटी,
ज़िन्दगी कुछ अग्निपथ पर, कुछ गुलाबों में कटी।

एक उजली भोर की उम्मीद में चलता रहा,
प्रश्न थे बेहद कठिन जिनके जवाबों में कटी।

हर क़दम पर मुश्किलें मेरी प्रतीक्षा में रहीं,
प्यार का सपना सजाए इंक़लाबों में कटी।

जो बहुत नज़दीक रहकर दूर ही हरदम रही,
उम्र उसकी ही तड़प,उसके ही ख़्वाबों में कटी।

इक चमकते आवरण में दर्द का जमघट रहा,
कुछ ग़मों से गुफ़्तगू में, कुछ हिसाबों में कटी।

134

लिखी ख़ूँ-पसीने की इसमें कहानी,
नहीं है मेरी शायरी आसमानी।

यहाँ आँसुओं में व्यथा बह रही है,
क़लम कह रही फावड़ों की ज़बानी।

नहीं हुस्न की है रुदादे- ग़ज़ल अब,
नहीं कोई राजा , नहीं कोई रानी।

लिये डिग्रियाँ हाथ ख़ाली बहुत -से,
हताशा में दम तोड़ती ज़िन्दगानी।

शहर – गाँव हर ओर फैले लुटेरे,
दिनोंदिन रही पीर होती सयानी।

नहीं आचरण में सदाचार दिखता,
है बस गीत – संगीत संतों की बानी।

जुटाते हैं दिन-रात क्योंकर वे दौलत,
बताते हैं जो सारी दुनिया है फ़ानी!

किसी दिन बग़ावत पे उतरेंगे सपने,
बहुत दिन नहीं चुप रहेगी जवानी

135

चाँदनी दिल तेरा भी दुखाती है क्या?
याद मेरी कभी तुझको आती है क्या?

देख हंसों का जोड़ा कहीं पर मगन,
दर्द की इक नदी खदबदाती है क्या?

चाँदनी रात में चाँद को देखकर,
तू भी मेरी तरह छटपटाती है क्या?

क्या कभी फूल काँटों-सा चुभता तुझे,
कोई शबनम उँगलियाँ जलाती है क्या?

ख़ूबसूरत लटों को पकड़ हाथ में,
आज भी उँगलियों में घुमाती है क्या?

बोलने में है कंजूस क्या आज भी,
अब भी आँखों से सबकुछ बताती है क्या?

तेरी गलियों में अब भी भटकता है मन,
तू कभी मेरी गलियों में आती है क्या?

कुछ भी कहने से पहले बहुत सोचना,
आज भी बात करते लजाती है क्या?

सुन के कोयल का दिलकश तराना कभी,
सुर में सुर उसके अब भी मिलाती है क्या?

तेरी ज़ुल्फ़ों से तो खेलता था पवन,
अब भी आँचल हवा में उड़ाती है क्या?

नींद अक्सर उड़ाती हैं यादें तेरी,
सच बताना तुझे नींद आती है क्या?

136

जन्म से ही मौत का आतंक मँड़राता रहा,
ज़िन्दगी भर कृष्ण का संघर्ष से नाता रहा।

रासलीला ही नहीं की गोपियों के साथ में,
लोकहित अन्याय से हरवक़्त टकराता रहा।

छेड़ना, माखन चुराना तो बहाना मात्र था,
प्रेम था जो दरबदर कान्हाँ को भटकाता रहा।

नेह था,पीड़ा भी थी,आँसू भी थे,मुस्कान थी,
बाँसुरी में जाने कितने राग वो गाता रहा।

भक्तजन, योगी-यती सब मुक्ति जिससे चाहते,
माँ के हाथों वह ख़ुशी से ख़ुद को बँधवाता रहा।

शांति की ख़ातिर मिला अपमान तो वह भी सहा,
धर्म का मंतव्य वह रण में भी समझाता रहा।

137

बड़की कोठी में तो हँसता और चहकता गाँव मिला
कई घरों में लेकिन रिसता और टपकता गाँव मिला

चौका-चूल्हे की टकराहट खटपट खाली बर्तन की
भूखे बच्चों की जिदियाहट शीश पटकता गाँव मिला

बात-बात पर कोर्ट-कचहरी, मार-पीट, गाली-धमकी
खेत पेड़ के झगड़ों में हर रोज़ उलझता गाँव मिला

धुंधली ज्योति हुई आँखों की, सूख गए हैं आँसू भी
कई बरस से परदेसी का रस्ता तकता गाँव मिला

अच्छे खासे लोगों को भी पागल कर देती है भूख
लाचारी में झुँझलाहट में गाली बकता गाँव मिला

138

ये माना कि यह तीरगी चुप रहेगी,
मगर किसलिए रोशनी चुप रहेगी!

जनम से बग़ावत का तेवर रहा है,
नहीं देर तक शायरी चुप रहेगी।

ये मुर्दा जमातें न बोलेंगी कुछ भी,
मगर कब तलक ज़िन्दगी चुप रहेगी!

कहो कंस से तीर-तलवार ढाले,
नहीं कृष्ण की बाँसुरी चुप रहेगी।

सुनेंगे किसी दिन प्रलय-राग वो भी,
जिन्हें है गुमाँ यह सदी चुप रहेगी।

139

तन भले कुंज वन में रहा,
एक घर मेरे मन में रहा।

पंख यूँ तो बंधे थे मगर,
मन हमेशा गगन मे रहा।

एक फूलों सा सुंदर नगर,
एक सपना नयन में रहा।

ध्यान में एक राधा रही,
एक मोहन भुवन में रहा।

रूप आँखों में हँसता रहा,
भाव पावन चरन में रहा।

तूने प्रस्थान जिस क्षण किया,
मेरा मन आगमन में रहा।

उस घड़ी मैं विधाता हुआ,
जिस घड़ी मैं सृजन में रहा।

140

हर घड़ी एक अनुमान करना पड़ा,
लक्ष्य का रोज़ संधान करना पड़ा।

शक्ति इंसान ने जब दिखाई कभी,
देवताओं को सम्मान करना पड़ा।

राम हों कृष्ण हों भीष्म हों या कोई,
वक़्त आया तो प्रस्थान करना पड़ा।

वक्त था जब बुरा सब ने क्या-क्या कहा,
रोज़ कितना गरलपान करना पड़ा।

तप की ताक़त नियति को बदल देती है,
शाप को छोड़ वरदान करना पड़ा।

जिनको कुंती ने समझा हँसी-खेल था,
हार कर उनका आह्वान करना पड़ा।

ऐसे दिन राम फिर ना दिखाएँ कभी,
ऐसे-तैसों का गुणगान करना पड़ा।

141

अक्सर मिलने आ जाता है,
दुख से कुछ गहरा रिश्ता है।

कैसे उसको कहूँ पराया,
जो मेरे भीतर रहता है।

उससे मन की बात कहूँ तो,
अक्सर पागल सा हँसता है।

तेरी बातें उलटबाँसियाँ,
जो कहता उल्टा कहता है।

लाख बुरा है या अच्छा है,
चाहे जैसा है मेरा है।

बादल को कोई समझाए,
कोई जन्मों से प्यासा है।

142

बहारें गुनगुनातीं, ग़म का आईना नहीं मिलता,
तुम्हारे पास होने से, मुझे क्या-क्या नहीं मिलता।

तुम्हें देखा तो आँखों ने कहा बस मिल गई मंज़िल,
तुम्हारे दर से उठने का कोई रस्ता नहीं मिलता।

न वो रूहानियत दिल की, न भोलेपन का वो जादू,
तुम्हारे जैसा दुनिया में कोई प्यारा नहीं मिलता।

कभी मैं अप्सरा कहता, कभी मैं चाँद कहता हूँ,
हक़ीक़त में मगर तुझ-सा कोई चेहरा नहीं मिलता।

खड़ी बोली में अक्सर भोजपुरी का टपकता रस,
किसी से गुफ़्तगू में वो तेरा लहजा नहीं मिलता।

यही इंसानियत का सार है, संतों की बानी है,
अगर अभिमान है तो प्रेम का नाता नहीं मिलता।

हरेक इंसान में थोड़ी कमी होना ज़रूरी है,
बुराई पर नज़र हो तो कोई अच्छा नहीं मिलता।

143

गाँव राजा भी है, गाँव रानी भी है,
गाँव बचपन की मोहक निशानी भी है।

गाँव परियों की है एक सुंदर कथा,
गाँव दादी भी है गाँव नानी भी है।

धूल मिट्टी में हँसता लड़कपन है वो,
मेरे सपनों की वह राजधानी भी है।

आम के बाग की गंध-भीनी हवा,
गाँव ख़ुशबू-भरी रात रानी भी है।

मुश्किलों में अभावों में जीता हुआ,
मुफ़्लिसों के लिए गाँव दानी भी है।

गाँव गीता-रामायण है पूजा-भजन,
पर्व मेलों की यादें सुहानी भी है।

आज का गाँव बीमार है त्रस्त है,
गाँव एक वेदना की कहानी भी है।

144

मेरी आँखों में दिल में धड़कनों में तुम फ़ज़ाओं में,
तुम्ही हो चाँद-सूरज में तुम्हीं हो कहकशाओं में।

जिधर देखूँ, जहाँ देखूँ हर एक शय में तुम्हीं तुम हो,
तुम्हारी गंध है चंदन में, खुशबू है हवाओं में।

कोई रंभा तुम्हें कहता, है कोई उर्वशी कहता,
मगर कोई नहीं दिखता है तुझ सा अप्सराओं में।

सुहानी भोर की किरनों में अक्सर मुस्कुराती तुम,
तुम्हीं पूजा के दीपक में, तुम्हीं हो प्रार्थनाओं में।

न कोई फूल तुझ-सा है, ना कोई रूप है तुझ-सा,
तुम्ही संतों की बानी में, फ़क़ीरों की दुआओं में।